丁振宇◎著

元朝其实很有料

北京工

前　言

　　微历史，即用"微博体"的形式讲述历史。微博的特点是短小、及时，适于传播。微博作为一个便捷的信息分享与传播平台，对于记录历史，同样是一个好工具。当今社会生存竞争激烈、生活节奏奇快，许多的人们没有时间、精力，也没有耐心静下心来阅读冗长繁杂的历史巨著，因而造成当下人们尤其是年青一代历史知识的匮乏。

　　"微历史"的出现，除了"微时代"大环境的推动之外，更是民众自身的一种诉求。因为它将"微博体"与历史事实进行了有机的结合，在有限的字数里以精当的内容浓缩精华，言简意赅，字字珠玑，为广大读者提供了一种新的解读历史的方式。无须非常集中的阅读时间和持久专注，无须专门的历史或理论素养，茶余饭后，公交车上，花五分钟翻阅一下，就会收获良多。

　　成吉思汗铁木真作为大蒙古国的开国太祖，有人说他是"世界征服者"，有人说他是"千年风云第一人"，有人则说他是"历来蔑视人类之人，无逾此侵略家者"。他发动了世界古代史上规模最大的战争，创建了有史以来版图最大的帝国。

　　从年幼丧父，到被族人遗弃，与母亲相依为命的铁木真在被敌对部落穷追不舍的猎捕中成长。在长期的东征西讨中，铁木真的实力日益强大起来。他在率军征服了察罕塔塔儿和按赤塔塔儿后称霸了草原。

沿着成吉思汗的足迹，窝阔台率领大军讨伐金朝；蒙哥汗征大理与高丽，攻南宋；忽必烈继位为蒙古大汗后率军灭宋，一统南北，建立元朝。然而，创业难守业更难。元成宗在位时期，"既不开疆，也无丧土"，却因滥赏致国库空虚，而为弥补国库空虚，他又大规模动用钞本，导致经济崩溃。武宗即位后，其"惟和惟新"政策进一步加剧了国家财政紧张的局面，元朝的统治也由盛转衰。仁宗执政时，不仅受到皇太后的干涉，且引起了统治内部的纷争。年轻有为的英宗在设法缓解国家危机时，却因新政阻碍了保守党的利益被残忍杀害。等到了泰定帝，面对已经乌烟瘴气的元朝，即使他有才干与学识却也不足以扭转乾坤，且统治集团内部的矛盾越发激烈。泰定帝的去世引发了元朝历史上最血腥、破坏性最大的帝位之争，文宗不久后又换了顺帝。

元朝的最后一任统治者叫孛儿只斤·妥懽帖睦尔，即元顺帝，在位共三十六年。在元朝历史上，他是在位时间最长且最荒淫无能的皇帝。最终，统治阶级与人民的矛盾、统治阶级内部的矛盾进一步激化，元朝一步一步走向了灭亡。

本系列图书在编写上本着既严肃认真，又不失生动活泼的原则，遵循引导广大读者在轻松惬意的阅读中获取历史知识的宗旨，在选材上以正史为主、野史为辅，在笔法上力求短小精悍、生动幽默、灵活流畅、妙趣横生，令阅读者徜徉历史海洋时兴致盎然，回味无穷。

阅读本书能饱览历史的风云变幻，洞察命运的起落沉浮，了解人间的爱恨情仇，品味人生的酸甜苦辣。这是一幅绚丽多彩的画卷，一部波澜壮阔的史诗，一部旷绝古今的传奇，一部值得阅读、不可错过的好书。

目 录

第 一 章

太祖开国

——马上雄主的崛起

公元1162年，铁木真出生。

公元1178年，铁木真与孛儿帖完婚。

公元1180—1184年，铁木真在脱里、札木合的帮助下，征服了蔑儿乞惕部。

公元1190年，札木合联合塔塔儿部攻打铁木真。

公元1200年，铁木真联合脱里，攻克泰赤乌部。

公元1202年秋，阔亦田之战，击败札木合并消灭塔塔儿部。

公元1203年夏，铁木真移营至班朱尼河。

公元1205年，蒙古军首次进攻西夏。

公元1206年，铁木真被推举为成吉思汗，建立大蒙古国。

公元1211年秋，成吉思汗统率蒙古军首次南下袭击金朝。

公元1225年，成吉思汗结束西征，并于第二年大举攻伐西夏。

公元1227年，元太祖二十二年秋，西夏灭亡，成吉思汗在六盘山附近的清水县去世。

一、少年成长

乞颜部是蒙古最古老的部族之一，也被称为奇源部，这一部族世代居住在斡难河和不儿罕山地区。

这个部落的首领名叫也速该，他很小的时候就膂力过人，擅长骑马射箭，能拉开七石的弓。眼看到了娶媳妇的年龄，他很想娶一个貌若天仙的"大户人家"的闺女做妻子，只是部落里没有能打动他的美女，他暂时还属于"剩男"的行列。

帝王爱江山更爱美人。公元1161年秋，也速该在斡难河畔打猎，发现了美如天仙的富家女子诃额仑。诃额仑出身于高贵的弘吉刺部，天生的美女坯子，红扑扑的脸蛋就像熟透的苹果，明亮的眼睛荡漾着斡难河一样明澈的水波。可她已经嫁入蔑儿乞惕部，于是，也速该经过三战两胜的火拼，打败了蔑儿乞惕人，抢来诃额仑做夫人。

诃额仑被也速该带回家后，天天哭得非常伤心。也速该很心烦，就让幼弟答里台对她说："你之前的丈夫是个软弱无能的人，可等你如今的夫君以后称王了，你就是王后。"这女人一听有盼头，心里转悲为喜，停止了哭泣。

公元1162年，也速该在与塔塔儿部的战争中大获全胜，准备带兵返回自己的部落。诃额仑为了迎接丈夫凯旋，穿上艳丽的蒙古服装，打扮得漂漂亮亮的。她骑在一匹雪白的战马上，在鲜红的头巾映照下，面色红润、楚楚动人。在浩浩荡荡的骑兵队伍中，诃额仑是最美的，她耀眼夺目、光彩照人。

不久，也速该的第一个孩子降生了。他降生时，右手握着一块如赤石般的凝血。也速该颇感惊异，认为这个奇异的现象是吉祥的征兆。这时他正好取得了与塔塔儿人战争的胜利，为了进一步奚落塔塔儿人，就以俘获的塔塔儿部首领的名字为儿子命名，叫铁木真。谁知这个孩子就是后来令世界为之震惊的成吉思汗铁木真。

草原上的弘吉剌部落里，有一个和也速该交情很好的兄弟，姓孛思忽儿，名德薛禅，世居朔漠，他有一美貌的小女，名孛儿帖，也速该便代儿子向德薛禅求婚。德薛禅说："虽然说女孩终究是要出嫁的，但我有个条件，先把他留在我家做一段时间上门女婿，我再将女儿许配给你的儿子。"于是，也速该用从马做彩礼，并将铁木真留下。

也速该回去时，隐瞒身份参加了塔塔儿人的宴会。也速该在塔塔儿部落营地里吃饱喝足，由于怕暴露，就火急火燎地离去了。路途中他觉得腹部隐隐作痛，回到帐篷里，更觉得绞痛难忍。这样一连三天，多方医治都没有效果，他这才发现自己被塔塔儿人下了毒。抢了人家部落的美女，自然要付出代价，而他也正是为了自己儿子的婚事，才误中奸计，惨遭毒害。

也速该临终前，连忙叫家族里的蒙力克进入帐篷，命令他说："你的父亲察剌哈对我非常忠诚，你也应当像你的父亲一样忠心耿耿。我的儿子铁木真，目前在弘吉剌部首领德薛禅家当了女婿，我送儿子回来的途中被塔塔儿部落里的人毒害了。你即刻动身去领回我的儿子，快去快回，不可耽误！"

蒙力克马不停蹄地去召铁木真，但仍是晚了一步。也速该去世了，只剩诃额仑夫人带着几个儿子生活，他们的生活顿时陷入窘境。而一直与乞颜部争夺权力的泰赤乌贵族也开始发难。也速该死去的那年春天，同族人举行祭祀祖先的仪式，诃额仑夫人来得迟了，泰赤乌部俺巴孩汗的两个夫人斡儿伯、莎合台竟不分给诃额仑应当属于她的一份祭肉。

祭祖是蒙古诸部的一项重要活动，只有蒙古部族成员才能够参加。诃额仑对祭祀后不分给她祭肉这件事愤愤不平，对他们说："我的丈夫也速该虽然死了，但是我的儿子不是正在逐渐长大吗？为什么连祭肉都不分一份给我们，这样做公平吗？"其他部族里的人认为她没有男人自然没有依靠，孤儿寡母在草原上没有地位可言。

之后，泰赤乌人在其首领塔儿忽台等人的带领下，弃下诃额仑母子沿着斡难河迁走，许多乞颜贵族也跟着离开了，只有晃豁坛部的察剌哈老人和蒙力克父子留下了。在也速该活着的时候，晃豁坛部同泰赤乌人发生过冲突，是也速该赶到，才从泰赤乌人手里救出了晃豁坛部，所以晃豁坛部的人愿报答也速该的家人。

被族人遗弃的铁木真母子流落在斡难河畔，过着贫困的生活，家里只剩下一个仆人、九匹马。在艰苦的环境中，坚强的诃额仑带着幼子们与命运抗争，奔波在斡难河边。

合不勒汗的小儿子脱朵延是铁木真的叔祖辈，原本受到也速该的信任和重用，"树倒猢狲散"，他也要投靠泰赤乌部落。铁木真耐心地挽留，结果白搭。察剌哈也竭尽全力地劝说，不料激怒了愣头青脱朵延，他竟然取出了一支长枪，向察剌哈乱戳乱刺。由于躲闪不及时，察剌哈背上中了一枪挂了彩，只得忍痛回到了家里。

铁木真听说察剌哈受了伤，就赶忙去他家里看望。察剌哈忍着疼痛，对铁木真说："你的父亲刚刚去世，家族里的人多半都背叛了，离开了我们。我劝说脱朵延不要离去，被他用枪刺伤。其实就算我死了也没有什么可惜的，只是放心不下你们母子几人孤苦伶仃、无依无靠，如何能够生存得下去。"铁木真听了十分动容。

铁木真把情况告诉了母亲诃额仑。诃额仑竖起清秀的眉毛，瞪圆了美丽的眼睛，勃然大怒说："简直欺人太甚！我虽然是一介女流，难道就一点用也没有吗？"于是她带着铁木真，出来召集部落人马。这时部落里还有几十个人，还算对主人忠心，诃额仑就命令他们帮助追回叛逃的人。

诃额仑亲自骑着马，追上了叛逃的人，大声喊道：
"前面的族人听着，你们不能再跑了，赶快给我停住，听
从我的号令！" 洪亮的声音在草原上久久回荡，动人心
魄。脱朵延等人听见喊声，立即回转身来，看看发生了
什么事。这时他们见诃额仑原本妩媚的脸上满脸杀气，
令人害怕。

诃额仑指着脱朵延说："你是我们家族的长辈，为什
么要到他们别的部落里去？我和刚死去的也速该对你们多
加照顾，当作亲人看待，以后还要仰仗着你的大力扶持。
别人离去，你也跟风，你如何对得起我们那些埋葬在地下
的祖先？"脱朵延说："就你们母子几人，不会武功，又不
懂兵法，我们可不想等死。"

诃额仑也不是吃素的，快马加鞭，冲到叛逃的队伍中
间，把枪杆横着，拦住了一半叛逃的民众，好像一个威风
凛凛的女将军，真是一人拼命，万夫莫当。在蒙古民族的
历史上，诃额仑就像草原上的一只高傲的苍鹰，真是一位
少见的巾帼英雄！

诃额仑对叛逃的部落成员吼道："不许再走！谁想走，
我就和谁决一死战！"那些叛逃的民众没有想到诃额仑有如
此大的胆量，过去还一直认为她只是个娇滴滴的温顺小娘
子，谁知人家藏而不露，这时才真正看出她的英雄本色。

诃额仑看见他们都有些畏惧，便开始实施心理攻势，
对他们说："假如你们当叔伯子弟的人还有忠心，不愿意
向我还手，我就深深地感激你们！你们不要和脱朵延一般

见识，要知道瓦片尚有翻身的日子，铁木真终会东山再起。请你们仔细想一想，来去由你们自己决定。"

为了彻底挽回叛逃的人马，铁木真母子唱起了双簧。铁木真跪在大草原上，默默地向民众痛哭着磕头行礼。诃额仑说："你们如果不记得我死去的丈夫也速该的深情厚谊，也应该同情我们母子几个人。等到我的儿子们长大成人，他们也能像我那死去的丈夫一样武艺超群，那时他们会知恩必报、冤仇必复。"

铁木真母子恩威并施，打动了叛逃的民众。叛逃的民众见到这种情形，不由得心软了下来，也一边跪拜一边说："以前我们是被脱朵延骗了，以后我们都愿意为你们效劳！"这样一来，只有走在队伍前面的民众离去了，走在队伍后面的民众都跟随着诃额仑回来了。看来干什么都得一鼓作气，否则再而衰、三而竭，什么事情都干不成了。

回到草原上的营地以后，听说察剌哈老人已经去世了，诃额仑母子几个人便亲自去向他的家属及生前好友表示哀悼，大哭了一场。部落里的牧民们看见他们母子几个对人推心置腹、真诚以待，才渐渐地真心归附诃额仑。只是泰赤乌部落这时聚集的牧民越来越多，对诃额仑母子也越来越仇视。

有一天，铁木真兄弟姐妹六个人到山中去打猎和游玩，遇到了泰赤乌部落的人。就像苍鹰捕捉鸟雀一样，他们一齐冲上来捉拿铁木真。别勒古台见到这种情景，连忙把弟弟和妹妹藏在了深沟里，自己和两个哥哥用弓箭射击敌人。没想到，敌人带头的首领被他射中了眼睛，"啊"的一声掉下了马。

泰赤乌部落的人当时就炸开了锅，大声喊叫："我们只捉拿铁木真一个人。"铁木真听见他们指名道姓地要捉拿自己，连忙上马飞奔而去。泰赤乌部落的人见状，就抛下别勒古台他们，在铁木真后面穷追不舍。铁木真逃到了儿古捏山，钻入了一片丛林，泰赤乌部落的人知道这小子聪明灵活，不敢进去捉拿，只能在丛林周围严密地包围。

铁木真在儿古捏山一连藏了三天，饿了，只能寻找一些野果充饥。后来他实在忍耐不了饥渴，只得走出丛林。但他刚走出丛林，忽然"啪"的一声，马鞍坠地。铁木真认为这是不祥之兆，就说："是老天不让我出去冒险。"古代的蒙古人非常迷信，就这样，他又返回了丛林，又躲藏了三天。

三天后，他又想走出丛林，可刚走了几步，突然见到一颗巨石挡住了去路。他心想："莫非真是上天又叫我不要出去吗？"于是他又返回去，又在丛林里躲藏了三天。最后他又累又饿，实在顶不住了，才下定决心："出去是死，躲在这里也是饿死，不如出去拼一次！"他就牵上马一直走了出来。

可没走多一会儿，他忽然听见一声响亮的口哨声，顿时手忙脚乱。接着他两眼一黑就跌入了早已挖好的陷坑，摔得昏了过去。无数挠钩从四面八方抛下，把他和马都拉了上来。等到铁木真睁开眼睛，向四周看的时候，才发现自己被紧紧捆住，身边全是泰赤乌人。

铁木真见状，无奈地叹了口气，准备束手待毙。巧的是，此时正当首夏，泰赤乌部依旧例，正在斡难河畔设宴，无暇处死铁木真，只将他关在营中，令一弱卒看守。铁木真想，此时不走，更待何时？于是打倒看守，快步逃走。

铁木真绝处逢生，一口气奔跑了好几里路。但他早已疲乏不堪，就决定在树林里小坐一会儿。他担心泰赤乌部的人从后面追上来，便想出了一个巧妙的计策，那就是躲在河水中的弯道里，把身子隐藏在水里，头上顶一片荷叶，嘴里再含一根苇管，便于呼吸，想这样休息一下。

铁木真正在蒙蒙眬眬地睡觉，忽然听见有人在叫他："铁木真，你为什么蹲在水里？"铁木真听见喊声，擦了擦双眼一看，原来是泰赤乌部的一个家奴，名叫锁儿罕失剌，不由得失声叫了起来。这时锁儿罕失剌对他说："不要惊慌！我不会害你的。"铁木真便拖着一身泥水走到河岸上。

锁儿罕失剌很同情铁木真，对他说："看你这个小孩，真是可怜，我也不忍心害你。你赶快逃跑，自己去寻找你的母亲和兄弟们，如果遇见了别的人，不要说和我见过面，是我放走了你。"锁儿罕失剌说完就走了。铁木真暗暗地想：我没有力气逃跑了，如果再遇到泰赤乌部的人，后果不堪设想。于是铁木真打定了主意，他要跟在锁儿罕失剌的后面，请求他想办法帮自己脱离危险。

锁儿罕失剌才进入自己的家门，铁木真就已经从后面赶到了。锁儿罕失剌见了铁木真，不禁大吃了一惊，说道："你为什么不听我的话，赶快逃走？" 铁木真这时痛苦地流下了眼泪，说："我饿极了，也渴极了，马儿也没有了，我哪里还能远远地逃跑！"

锁儿罕失剌正在迟疑不决的时候，帐篷里走出了两个少年，问道："这就是铁木真吗？雀鸟被鹰鹞追逐，无论是树林，还是草丛，都能让它们躲藏起来，难道我们父子几人，反而不如草木，保护不了一个人？必须想办法救他一下才行。"锁儿罕失剌点了点头，同意了。

锁儿罕失剌他们连忙叫铁木真进入帐篷，并拿出食物给他吃。铁木真饱餐一顿之后，真诚地感谢了锁儿罕失剌的好意，又问了两个少年的名字，知道了大的那个名字叫沈白，小的那个叫赤老温，也就是后来元朝四位杰出的文官之一。铁木真感激地对他们说："我若有出头的日子，定会报答你们的大恩大德。"铁木真真是人小志大，是一个少见的有志少年。

他们正在说着话，忽然又有一位少女向他们走来，锁儿罕失剌就介绍她和铁木真相识。铁木真见她娇小动人，顿时就对她产生了好感。锁儿罕失剌对他说："这是我的小女儿合答安，你不如暂时躲藏在羊毛车里，叫我的小女儿看守着。"

锁儿罕失剌又对铁木真说："你如果饥渴了，就和我女儿说，让她为你取食物和水来。"少女听从了吩咐，带领铁木真到了羊毛车旁边，打开车门，先搬出了许多羊毛，才叫铁木真到里面躲藏起来，再将羊毛重新搬回去，把他遮掩起来。这时正是酷暑天气，草原上热气蒸腾，铁木真感觉十分不舒服，连声说："里面实在闷热难受。"

合答安离开时轻声地嘱咐他说："不要喊叫！要想保命，就要忍耐！"铁木真听了她的话，不敢再叫出声来。到了夜里，合答安把羊毛拨拉开来，为铁木真取来了吃喝的东西，让他填饱肚子。在朦胧的月色下，铁木真和少女你问我答，言来语去，甚是投机。

铁木真睡了三四个钟头，听见草原上雄鸡鸣叫，忽然见合答安慌慌张张地跑了过来，对他说："不好了！不好了！外面有很多人来捉拿你了！赶快把羊毛盖上，躲起来！"铁木真英雄逃难，三次遇险，离奇惊险，真令人心惊肉跳。

铁木真躲藏在羊毛车里，惊慌失措地对合答安说："我的好妹妹，你赶快多用羊毛把我盖住，不要让那群豺狼般凶恶的人看见，我现在心里发慌，连手足都感到麻木，失去知觉了。"合答安听了他的话，急忙扯过一大堆羊毛，叫铁木真赶快钻入车子，外面用羊毛堵得严严实实，再把车门关好，然后离开了。

合答安刚刚离开，外面的人就进来了，他们一边往里走，一边大声喊叫着说："铁木真莫非就藏在车子里？让我们赶快搜一搜，搜出来宰了他。"话还没有说完，车门就被他们打开了。铁木真不敢喘气，连掀动羊毛的声音都能清楚听见。这是铁木真又一次遇险，合答安一家人在场，真为铁木真捏了一把汗。

躲在羊毛下的铁木真这时只能缩成一团，屏声静气，不敢发出任何响动。只听见锁儿罕失剌对搜查的人说："在这么闷热的天气里，羊毛堆里怎么能藏得了人？那样不会闷死，也会热死的。" 过了好一会儿，气势汹汹的搜查人群才撤走。

这次脱险后，铁木真决定离开。他再三感谢合答安一家。合答安看到铁木真那样真心地感激她，羞涩地低下了头，连忙躲开了。这时锁儿罕失剌催促他，他才携带了弓箭和食物，一步一回头，很不情愿地出了门，跨上骒子，扬鞭而去。而离开不远，他又掉转头，依依不舍地回望。

铁木真看见合答安慌忙找了一根柳枝拿在手中，然后倚靠在门框上冲他摇了摇，依依不舍地望着他离去，这种动人的情景，实在难以用语言加以形容。

铁木真沿着地上车辙的痕迹，沿着河流而上去寻找失散的亲人。到了豁儿出恢山，只听见有人拍着手，高兴地喊道："哥哥回来了!"他向草原四周瞭望，远远地看见山的南面有一群行人。他们不是别的人，正是他的母亲和兄弟们。他立即跳下了骒马，和他们相见。

面对着一次又一次突如其来的灾难，铁木真母子没有被吓倒、被征服，而是勇敢地抗争、不息地奋斗。在危难中，铁木真不仅结识了几个可以生死相托的知心朋友，而且巧遇品德高尚的恩人与情人，爱和恨的种子在他心中生根发芽，深深影响了铁木真的成长历程。

　　而和泰赤乌部的矛盾让少年铁木真明白了：在草原上，没有永恒的朋友，只有永恒的利益。少年的成长经历奠定了铁木真未来一生的征伐特性。

　　为了躲避泰赤乌人的再次袭击，铁木真一家迁往不儿罕山前的古连勒古山中。这里有桑沽儿小河，河边有座叫合剌只鲁格的小山，野生动物很多，其中有一种草原野生动物叫果子狸，体形和松鼠相似，肉味鲜美，是草原上难得的野味。铁木真望着这片迷人的大草原，心旷神怡，说："我们就在这里住下来吧！一方面这里比我们原来住的地方还要肥沃；另一方面这里比较安全，可以防备敌人的入侵。"诃额仑说："铁木真说得很对，这里的确肥沃，我们就住下来吧！"于是他们就挑选了一块空旷的平地，扎起宿营的帐篷，并把之前的人、物、骡、马都移徙了过来。

　　当年，也速该曾留下八匹骟马，铁木真很是爱重，精心照料喂养。可是，铁木真十三岁的一天，这八匹骟马突然被马贼牵走，仅存的一匹老马又被其弟别勒古台骑着猎果子狸去了，他们只好等傍晚别勒古台回来再去追赶盗马贼。

　　太阳快落山的时候，别勒古台驮着猎到的果子狸回来，诃额仑母子几个连忙跑上前去告诉他盗马一事。别勒古台听完着急地说："我现在就去追！"合撒儿又说："我去！"铁木真一听，赶忙说道："你们两个都还小，还是我去！"于是他挎上弓箭，骑着老马疾追。

　　铁木真循着马群的踪迹追赶。盗马贼的马匹都是四脚生风的宝马良驹，所以跑得很快，铁木真骑着马追赶了一天一夜，仍然不见他们的踪影。第二天早上，他来到一座帐房前，房前有一大群马，还有一个伶俐的少年正在挤马奶。他上前询问少年，得知离盗马贼已经不远了。

少年叫博尔术，阿儿剌部人，是纳忽伯颜（伯颜，意为富人）的儿子。阿儿剌氏与孛儿只斤氏有比较近的血缘关系，纳忽伯颜与铁木真的父亲也速该也曾经是好朋友。博尔术很佩服只身逃出泰赤乌人魔掌的铁木真，因此愿意伸出援助之手。他说："让我们结成安答（蒙古语，意为义兄、义弟、义姐、义妹），一起去寻回失马吧。"

博尔术让铁木真把老马留下，并给他换上一匹黑背白马，自己则骑上一匹黄马。他顾不上和父亲打招呼，就立即出发。他们追赶了三天，太阳快要落山的时候，终于在一个营地旁发现了正在吃草的八匹雪白骟马。两人惊喜地四目相对：真是功夫不负有心人，找到了。

铁木真对博尔术说："你把风，我去赶马出来。"博尔术说："好朋友，怎能让你冒险？你把风，我去牵马。"说着他就冲过去，把马赶了出来。盗马贼发现情况，互相传递遇敌的信号，并立刻追来，铁木真急忙对博尔术说道："你先走，我与他们厮杀一番！"博尔术应下，驱马先走。铁木真与盗马贼周旋，脱身后快速赶上，与博尔术会合。

二人赶着马，又走了三天三夜，铁木真深为博尔术的情谊所感动。快到博尔术的家时，铁木真对博尔术说：

"如果没有遇见你，我都不知该怎么办，我留一些马给你吧。"博尔术果断拒绝并说："我帮助你们，只是因为朋友遇到了困难。我不要意外之财，我的父亲是纳忽伯颜，我是独生子，家里的积蓄够我用的。"

博尔术带着铁木真进了家，纳忽伯颜以为儿子失踪了，正在痛哭流涕，看见博尔术回来了，一边哭一边责备说："我儿你怎么了？不吭声就没影了几天。"博尔术回答说："没什么，我看见这位好朋友有了难处，就和他结伴出去了，现在才回来。"说完又走到外面，把他离家前藏在草地上挤奶用的木桶、皮斗取了回来。

为了给铁木真送行，博尔术杀了一只羊羔，又在皮桶里盛上了马奶，给他做路上的饮食。纳忽伯颜认可了这两个伙伴的友谊，对他们说："你们两个少年，今天互相照顾，以后也要如此友爱，互不嫌弃！"他哪知今天这个少年铁木真就是明天叱咤草原的成吉思汗呢？

铁木真告别了博尔术父子，赶着八匹雪白的骟马，又走了四天四夜，回到了在桑沽儿小河边的家中。诃额仑母亲和弟弟们正急得发愁，看见铁木真带着丢失的马回来了，立即高兴起来。这下全族的人对他们更有信心了。

此时，铁木真已经具有吸引他人为自己做事的领袖品格，这对他后来帝国事业的成功至关重要。后来，博尔术成了铁木真的第一个"贴身保镖"。他智勇沉着、善战知兵，追随铁木真参加了统一蒙古高原的事业，并为铁木真献出了一生。后来，像博尔术一样忠诚且有勇力的英雄豪杰源源不断地投附到铁木真身边，成为他手中的力量。

就这样，一家安逸了几年。一天，诃额仑对铁木真说："记得你父亲在世的时候，为了你的婚姻大事，在回家的途中中毒身亡，我们母子几人几经磨难，也还称得上是安然无恙。现在德薛禅亲家也应在惦念着你，你去探望一下。如果他答应举行婚礼，自然是喜事一桩。"别勒古台说："我愿陪阿哥去。"诃额仑说："这样最好，互相有个照应。"

就这样，铁木真弟兄俩到了德薛禅家。德薛禅看见女婿来了，喜出望外，嘘寒问暖之后，就设宴款待。德薛禅对铁木真说："听说泰赤乌部落里的人老找你的麻烦，我一直很担心，今天相见无恙，真是天赐洪福！"铁木真将家里的各种磨难详述了一遍，德薛禅说："吃过苦中苦，该为人上人了。"

晚上，德薛禅就叫女儿孛儿帖换了婚服，到帐篷里和铁木真举行婚礼。婚礼完毕，夫妻俩进入洞房，彼此互相打量，一个是威武雄壮的英雄好汉，气度不凡，一个是亭亭玉立的美丽新娘，容貌出众。双方都感到非常幸福。

三天后，铁木真想起回家。德薛禅说："天下没有不散的筵席，女儿既然成了你的妻子，应该一起去拜见你的母亲，我明天送你们。"铁木真说："有兄弟陪伴着我，不劳岳父大驾！"德薛禅的妻子搠坛说："我要送女儿到你家去，也好和亲家母见面。"铁木真同意了。

启程后，德薛禅和铁木真兄弟骑着马在前面带路，搠坛母女俩乘着骡子拉的婚车在后面。快到铁木真家时，德薛禅掉头返回家里去了。搠坛一直把女儿送到了铁木真的家里，见到了诃额仑，叫女儿孛儿帖拜见婆婆。诃额仑见她戴着高帽，穿着红色衣衫，美貌不亚于自己年轻的时候，心中不禁欣喜。

孛儿帖先按照蒙古传统风俗，手里端着羊尾油，对灶头叩了三个头，把油倒入灶台点燃，这就是行祭灶礼。接着她又分别拜见了合撒儿等人，各向他们送了一件衣物作为见面礼。另有一件黑貂皮，价值不菲，是稀有的珍品。铁木真考虑现下自己尚需扶持，便向诃额仑提议献给父亲要好的盟友脱里。诃额仑点头称善。

脱里是当时漠北草原实力最为强大的克烈部首领，曾帮助金朝打败过桀骜不驯的塔塔儿部，被金朝赐予王的封号，与以前的汗号合并，所以也被称为王汗。脱里认同了与铁木真的关系，铁木真认其为义父。

可日子不会总是风平浪静的。铁木真家族实力开始慢慢恢复却羽翼未丰之际，又遭到了蔑儿乞惕部落的袭击。他们用"三光政策"洗劫了铁木真的营地，掳走了家人豁阿黑臣和别勒古台的妈妈。孛儿帖由于没有马骑，坐在一辆牛驾的黑车子里，也被蔑儿乞惕人抢走，并给赤列都的弟弟赤勒格儿做了妻子。早年间，也速该就是这样劫走了诃额仑，没想到，现在自己的儿子又被蔑儿乞惕部劫了妻子。

据说当时，帐篷外突然发生了变故，铁木真急忙安排母亲和兄弟们躲避。接着他又叫妻子孛儿帖与报告情况的老年妇女共同乘坐一辆马车逃跑。铁木真保护着年老的母亲和弱小的妹妹飞快地逃到山上去，而妻子孛儿帖的车子却被远远地抛在了后面。

铁木真他们在山里接连居住了四天，侦察得知敌人的确已经远去了，这才整理行装下了山。到了山脚下，铁木真顿足捶胸，向山神祷告说："我家得到神灵的庇护，今天才得以保全性命，我的子子孙孙，以后应当时常来这里祭祀，报答您这位山神的大恩大德，永远不变。"

祷告完，铁木真解下腰带挂在脖子上当领带，把帽子摘下拿在手里，向着太阳，给不儿罕山拜了九次又跪了九次，又洒了马奶祭奠。妻子被抢，铁木真决心报仇雪耻。他带上合撒儿、别勒古台来到土兀剌河黑松林，向脱里求援。脱里说："你把我当父亲一般看待，你的妻子又送给我黑貂皮，说吧！怎么救？"

脱里派了札木合来帮助铁木真。札木合和铁木真在少年时代已是亲密无间的朋友。在冬天时，札木合送给铁木真一个狍子髀石，铁木真送给札木合一个铜灌的髀石，两人在斡难河的冰上抛掷髀石，看谁扔得远，为此他们结为兄弟。在春天时，他们用小木弓射箭，札木合把自己用的带响的箭头送给铁木真，铁木真把自己的柏木箭头送给札木合，这在蒙古部落中是很高的礼节。

为共同营救铁木真的妻子，札木合和铁木真第二次结为兄弟。兄弟情深如手足，本来就应当彼此救援，何况这时的札木合已经是一位草原雄杰了，为兄弟出兵收拾几个小蟊贼，简直易如反掌。

在脱里和札木合的帮助下，铁木真开始了复仇之路。

公元1181年，铁木真婚后第二年，此时他与孛儿帖已经分离了九个月。经过周密安排，他终于决定联合脱里与札木合攻击蔑儿乞惕部。此役克烈部首领脱里出兵两万，札答阑部首领札木合出兵一万，乞颜部首领铁木真出兵一万，突袭驻扎在不兀剌川的蔑儿乞惕部。最终，他们击败了蔑儿乞惕部，救出了孛儿帖。这一战是铁木真人生当中的第一战，史称不兀剌川之战，这一年，铁木真才十九岁。

大战胜利后，全军将士热烈庆贺。铁木真对此也感激不尽，当天就大摆筵席。大家开怀畅饮，气氛热烈。夜晚来临，铁木真就把那些俘虏来的妇女都集中起来，先分配给本部落的首领，其余的都分配给盟军的首领。札木合和铁木真忆及儿时情分，越聊越投机，决定同住。于是铁木真便在札木合处设下营帐。

在群雄争霸草原的年代，像铁木真和札木合这样充满野心的豪杰之间，不可能有长久的友谊，他们的分裂是迟早的事情。那年夏天的四月十六日这一天，他们商议好转移草场。铁木真、札木合二人走在最前面，札木合说："兄弟，靠山居住，其实牧马的人可以住在帐篷里。"言外之意就是，"一山不容二虎"，散伙吧！

铁木真问母亲："札木合对我说，依山居住，牧马的人可得帐房住，靠水居住，牧羊的人可得饮食吃。我不懂他的话。"诃额仑夫人未及开口，孛儿帖便说："札木合喜新厌旧，现在又厌恶我们了吧？刚才札木合说的话，是讨厌我们的话。我们不如见机而作，趁着交情未绝的时候，离开札木合，连夜赶路走吧。"二十岁的孛儿帖展现出了自己的智慧。日后，她也为铁木真奉献了许多，成为他的贤内助。

在与札木合分道扬镳之际，早年离开铁木真的部落多数返回，这其中就有札剌儿氏。后来的"四杰"之一、名将木华黎也是此时开始归于铁木真。

铁木真带着属于自己的部众，来到他以前住过的地方——不儿罕山前的古连勒古山中。到了桑沽儿河原来的营地，铁木真见此时人多势众、牲畜成群，就萌发了勃勃的雄心，准备建一个庞大的部落，建功立业。

接下来，在铁木真的领导下，部落迅速发展壮大，这也引起了札木合的不满。公元1190年，札木合以部众劫掠铁木真马群被射杀为由，联合泰赤乌等十三部共三万人进攻铁木真。铁木真得到札木合部下亦乞列思人的报告后，将自己所属的三万人分成十三翼，铁木真和诃额仑各分统一翼军，其余各翼则由乞颜部贵族统领。双方大战于答阑巴勒主惕，史称"十三翼之战"。最终，铁木真失利，退避于斡难河上源狭地，札木合也领军还归本部。但札木合却将俘虏放入七十只大锅中煮杀，手段太过残忍，引起各部不满，纷纷归心于铁木真。此战铁木真败而得众，使军力迅速恢复及壮大。

札木合退兵后，愤懑异常，天天想纠合邻部再与铁木真一决雌雄。此时乃蛮部独霸一方，札木合便前去请乃蛮部首领太阳汗帮助。但太阳汗犹豫不决，其弟不亦鲁黑汗却愿意发兵相助。不亦鲁黑汗出兵后，铁木真听闻，便邀集脱里部落从间道出袭不亦鲁黑汗。不亦鲁黑汗仓促无备，铁木真大胜而归。

公元1196年，归附金朝的塔塔儿部叛逃，金朝丞相完颜襄一路追击，向斡里札河（今蒙古东方省乌勒吉河）方向而来。塔塔儿部是铁木真的仇敌，他立刻向脱里汇报了这件事，两人联合起来攻破了塔塔儿部。于是，金朝特别授予铁木真"札兀惕忽里"官号，这大大提高了他在草原上的威望，从此他就可以号令部分草原贵族了。

二、统一蒙古

公元1202年，一个反对铁木真、脱里的统一战线成立了，为首的又是札木合。但札木合并无统御之才，这个联盟既无共同的政治、经济基础，又无统一的军事力量，只是为了对付铁木真、脱里的进攻临时拉壮丁凑在一起的，实际上都是各怀鬼胎，难以形成合力。

当时，哈答斤部落、散只兀部落、朵鲁班部落和弘吉刺部落得知铁木真实力强盛，日夜惊慌，面对铁木真和脱里的联盟，只能结盟自保，四部在阿雷泉歃血为盟。而后，乃蛮部不亦鲁黑汗以及其他许多与铁木真有仇怨的部落，如泰赤乌部也赶来会合，决定共同对付铁木真。他们共同宣誓说："我们要共同打击铁木真，如果内部私自泄露机密，暗中背叛同盟，都会像泥土崩塌、树木折断一样，没有好的结果！"发完毒誓，以札木合为首的首领们一起徒步走向岸边，举刀砍断林木，作为联合的标志。之后，札木合就选拔精锐，在夜里静悄悄地进军，准备去袭击铁木真的军营。

当时，铁木真驻扎在古连勒古山，札木合的军马刚开始行动，他就已经通过间谍得到可靠情报。铁木真立即告知脱里，脱里率领全部军队，迅速与铁木真会合。

　　第二天清晨，铁木真、脱里联军的先头部队从古连勒古山出发并抢占了阿兰塞阵地，这里依山傍塞、居高临下，他们可以以逸待劳。

　　随后，札木合率领的联盟军果然到来。乃蛮部落首领不亦鲁黑汗认为自己骁勇善战，充当了先头部队的指挥官。他曾经被铁木真打败过一次，这次又来充当先锋。他看见脱里率领的先头部队的人马只有几百人，不禁笑着说："就这几个虾兵蟹将，根本不值得我动手！"

　　据传说，不亦鲁黑汗正想率领部队出击，忽然望见远方尘土飞扬，脱里和铁木真联军铺天盖地而来，他不禁变惊喜为恐惧，惊恐地说："我原来想趁着他们没有防备的时候快速出击，他们为何早就知道了我们的军事意图？难道他们有千里眼、顺风耳？"

　　正当他的军队惊疑恐惧的时候，札木合的后军到了，不亦鲁黑汗连忙去向他报告军事情况。札木合说："这件事无关紧要！蔑儿乞惕部落首领的儿子忽都，能够眼观天象、呼风唤雨，只要他做起法来，就能困住敌人的军队，我们就可以趁机冲杀了！"

　　之后，也不知忽都他们念了些什么咒语，顿时狂风大作，下起了雨，雨势越来越大。

　　札木合看见求雨成功，心中非常高兴，连忙命令各部队等待时机，等到铁木真的军队阵势慌乱时，就冲杀过去，把他们打得落花流水。

　　铁木真正在与众人商议怎样打击敌人，忽然天昏地暗，一阵狂风暴雨砸向了自己的军队，他急忙命令全军将士严防死守，稳住阵脚。脱里部落的军队开始骚动起来，渐渐有些无法控制。铁木真担心脱里部队的动荡会影响全军，不禁有些焦急。但上天仿佛都在保佑着他，突然间风转向了，雨点狂飞乱舞，直接向札木合联军冲荡过去。

札木合正暗自得意，没想到风雨会冲自己而来，而忽都等人只能够祈祷风雨，却不能控制风雨方向的逆转，只得出神地望着天空，任凭狂风肆虐。他们六神无主、束手无策，但是对面的敌军却不会给他们思考的时间，在铁木真的指挥下，大军迅速攻击他们的阵地。

这时，札木合满心的欢喜都变作漫天愁云，不禁仰天叹息，说："上天啊！你为什么只保佑铁木真那个小子，不保佑我札木合呢？"只见他们的军队在铁木真和脱里的攻击下节节败退，札木合想来已经无法扭转，只好拨转马头，落荒而逃。

札木合一逃走，各部落的首领更加战战兢兢，原本松散的联盟瞬间被瓦解。铁木真的军队四面围杀，札木合联军的士兵互相践踏、冲击，损失惨重。

在战斗中，铁木真的脖颈被一名青年勇士射来的箭射中，他血流不止，昏迷过去。很早就归附于他的者勒篾忠实地守护在他身旁，用嘴吮吸他伤口的淤血。为了给铁木真补充水分，者勒篾潜入敌营寻找马奶。因为战乱，奶马憋得嗷嗷叫也没人挤，所以怎么也找不到马奶。他仔细搜寻，却意外地在一辆车上发现一瓶酸奶子，就偷偷地带了回来。敌人沉沉睡着，浑然不觉。者勒篾又找来水，将酸奶子调和好给铁木真喝，如此总算保住了铁木真的性命。

这次决战史称阔亦田之战，是铁木真与札木合集团的最后一战，也是争夺蒙古部领导权的最后一战。至此，铁木真成为蒙古部的唯一首领。少数不服从他的人无法立足，只好带着一部分部属投奔克烈部首领脱里。脱里接收了这些人，为日后两人的决裂埋下了伏笔。

战后，铁木真乘胜追击，想趁此机会消灭泰赤乌部落。泰赤乌部落首领塔儿忽台看见铁木真从后面追了上来，就连忙召集那些残兵败将，转身来迎战铁木真的军队。但这样一群骑兵怎么能是铁木真的对手，顷刻被打得全军覆没。

想到泰赤乌部曾经对自己有恩的一家，铁木真命手下的人找到了锁儿罕失剌。铁木真对他说："你曾经对我有大恩大德，我今天应该报答你！我不是忘恩负义的人，你老人家完全放心！"铁木真把锁儿罕失剌的儿子收为将领，把锁儿罕失剌的女儿留在自己身边，也算是对锁儿罕失剌的报答。

经过长期的东征西讨，铁木真的力量日益强大起来。但是他的杀父之仇还未报，当年父亲也速该被塔塔儿部毒杀，虽然几年前他曾经联手金朝和脱里击败了一次塔塔儿部，但不足以报仇雪恨。重新整顿部落之后，铁木真立刻将攻击塔塔儿部提上日程，并将目标锁定在塔塔儿的两个主要部落：察罕塔塔儿和按赤塔塔儿。

为了保证战争的胜利，也为了一改从前作战时贵族们贪抢财物、不听指挥的弊病，在出征之前，铁木真就发布命令说："打仗的时候，不许抢掠财物。把敌人打败了，他们的东西才归我们所有，但不得贪财，等部署妥定后，大家再分用。军马进退，都须遵军帅命令。作战需后退时，应退向原阵地，退回后不肯再返身力战者，全部斩首!"严整军纪后的部队战斗力大增，接连和塔塔儿部交战了几次，铁木真的军队都占了上风。最终，塔塔儿部一败涂地、溃不成军，首领不得不落荒而逃。

然而战斗中仍然有人"顶风作案"，发生了严重的违纪事件。违纪的就是乞颜氏贵族阿勒坛、忽察儿、答里台三人。他们是铁木真的亲戚，辈分又比铁木真高，于是公然私吞战利品，不把铁木真放在眼里。

为了维护汗权的尊严，做到令行禁止，铁木真派哲别、忽必来二人毫不客气地没收了他们抢掠的财物。铁木真这次巩固权力、制裁旧贵族的果断措施，为统一草原奠定了坚实的基础。

之后，铁木真召集众人，和他们商议说："塔塔儿部的仇恨，我是一直牢记在心的，今天幸亏战胜了他们，俘虏了他们部落里的所有百姓。现在我要把所有的男子都杀光，所有的妇女由各家族分配，作为奴婢使用，这才称得上是报仇雪恨。"部落民众齐声赞成。议定后，别勒古台的旧识塔塔儿人也客扯连向别勒古台打听，别勒古台便把实情说了出去。

　　塔塔儿部的人知道自己迟早都是死，干脆就豁出性命，去攻打铁木真的营帐，"杀一个够本，杀两个就赚一个"。亏得铁木真早有防备，急忙命令部下反攻。塔塔儿部的人见打他不过，就撤退到一座大山下面，倚靠着山势，安营扎寨，准备顽抗到底。

　　铁木真率领军队猛烈进攻，但足足相持了两天，才把敌方营寨攻破。当时，塔塔儿部的人除妇女外都手执一把尖刀，向铁木真率领的军队乱杀乱砍，彼此都伤亡惨重，几乎各占一半。直到塔塔儿部的强壮男子全部伤亡，乱斗才结束。

　　乱斗结束后，铁木真清查泄露军机的人，发现是别勒古台。铁木真没有想到竟然是自己的亲兄弟背叛了自己，更出现了如此之大的伤亡。从此之后铁木真便不准他入帐议事，一来是对他的告诫，二来是堵住部落中其他人的口舌。

　　统一蒙古草原，需要强大的实力。在铁木真羽翼丰满之后，他面临的形势是，如何与更加强劲的对手一决高低，独霸草原。铁木真占据蒙古草原之东，与他相邻的是地处高原中部的克烈部脱里，脱里的西边是乃蛮部。最后统一草原的战争，首先在铁木真和脱里之间展开。他们曾经是战友，但是现在他们之间的危机一触即发。

　　当时铁木真凯旋后，想着要乘胜追击蔑儿乞惕部，却听人报告说脱里部落大肆抢掠蔑儿乞惕部，得到了无数人口和牲畜。他们独占了战争果实，一个牧民、一根牲畜毛也没有赠送给铁木真。铁木真对这件事忍了又忍，没有向脱里发难，还约请脱里去共同攻打乃蛮部。脱里接受了铁木真的约请，率领军队与铁木真会合，准备整理好部队，一齐出兵。

乃蛮部的不亦鲁黑汗刚收拢札木合的残余势力，驻扎在额鲁特，本以为铁木真去攻击塔塔儿部、脱里去攻击蔑儿乞惕部，不会再来攻击自己，没想到还没休整好，两人又联合起来攻击自己。不亦鲁黑汗料到自己打不过，竟然听到消息就越过阿尔泰山逃走了。铁木真穷追不舍，擒住了其部的也的脱字鲁，得知不亦鲁黑已远逃，只得收队回营。谁知刚到半路，就遇到乃蛮余众偷袭，铁木真便进入脱里驻地约其再次共同迎战。

脱里对铁木真表态说，他非常愿意同铁木真再次联合。结果第二天黎明，铁木真率领的军队全部整装待发，准备与敌人开战时，铁木真却发现脱里的军队临阵脱逃，已经离开了战场。

铁木真处变不惊，面对突发事故镇定自若。后来通过间谍得知，脱里是因为听信札木合挑拨离间，觉得铁木真在这次战争中必然会单干，因此不辞而别。

过了不久，忽然有人报告说脱里的部落被乃蛮和曲薛吾等部落的骑兵从后面追袭，不仅军队的物资和牧民的牛羊被抢走，连他儿子桑昆的老婆孩子也被抢去了。铁木真不为所动，认为背信弃义的人自然会有报应，而他肯定会派人来求援。

事情的发展正应了铁木真的判断。众人正谈论着，脱里便派遣使者前来求援。使者拜见铁木真，说铁木真手下有四位能征善战的将领，所以特地前来求援。铁木真听后，不禁笑了起来，说："上次联合出兵却临阵脱逃，差点把我害死，还好意思开口？"

使者对铁木真说："过去我们是错误地相信了别人的谗言，做出错事，不辞而别。如果贵部落愿意再次派出部队支持我们，帮助我们的部落解除危难，从此以后我们自然对你们感激不尽，就是有十个、百个札木合，也无法说动我们，挑拨我们两个部落之间的关系了。"

脱里派去的使者真是颇善辞令，把铁木真说得口服心服。铁木真听了，对使者说："我和你们部落首领情谊深厚，不亚于父子，谗言害死人呀！现在既然军情紧急，他急需支持，我就派遣四员能征善战的将领和你们同去，解除危难如何？"使者对铁木真不计前嫌、义不容辞的作风既敬佩又感激不尽。

援军到了阿尔泰山附近，远远地就听见厮杀声惊天动地，鼓角声响彻云霄，那时脱里已经损失了两位将领，儿子桑昆马腿中箭，险些被敌人活捉。正在危急的时候，木华黎等将领迅速赶到，救出了桑昆。乃蛮部长时间征战厮杀，也不免劳累乏力，怎么顶得住一支如狼似虎的蒙古军，因此大败而归。

胜利后，脱里、铁木真到土兀剌河边摆设酒席，相互祝贺，两个部落的首领和民众关系融洽，气氛友好。双方在此订立和约，约定遇到战事共同对敌，不能再听信离间的谗言，有事面谈或直接联系，才能相信。

这时，铁木真想与脱里部落结姻亲，以密切双方的关系，于是为长子术赤向脱里的女儿抄儿伯姬求婚。

桑昆的儿子秃撒哈也想娶铁木真的长女火真别姬。铁木真认为，只要脱里的女儿愿意当自己的儿媳妇，自己的女儿也不妨嫁过去。但是桑昆很不乐意，愤怒地说："我家的女儿身份高贵，而他的女儿身份低微，这如何能行呢?"双方未能就此问题达成共识。

婚事未达成共识，使铁木真和脱里之间又一次产生了矛盾和嫌隙。札木合一看离间的时机成熟了，就蠢蠢欲动起来，暗地里勾结阿勒坛、忽察儿和答里台三个人，怂恿他们背叛铁木真，投靠脱里。三个人过去对铁木真就有点意见，于是竟真的听了札木合的话投奔了脱里。之后，札木合对桑昆说："铁木真与乃蛮太阳汗私相往来，恐怕会对脱里不利。"桑昆起初不信，但经阿勒坛等人作证，便深信不疑，立即去报告脱里，想要除去铁木真。脱里不信札木合的话，不赞同桑昆攻打铁木真的计划。他对桑昆说："他屡次救我，我不应负他。你若执意要干你就自己去干，只是要谨慎些为好。"

于是，桑昆以答应铁木真儿子的婚约为名，邀请铁木真赴宴，企图趁此机会杀掉铁木真。铁木真信以为真，准备带领数名随从前去赴宴。然而他父亲的好友、晃豁坛部的蒙力克极力劝阻，于是铁木真只派了两名随从赴宴。桑昆以为自己的计谋已被铁木真识破，便决定第二天清晨发兵突袭铁木真。

桑昆与他们商议突袭铁木真时，恰巧被前来送马奶的牧人巴歹听见了，他回去后告诉了同伴乞失里黑。乞失里黑告诉铁木真说："桑昆言而无信，准备派出骑兵袭击你。我对他的小人行径非常痛恨，特地前来向你报告。"

铁木真得到乞失里黑的情报之后，返回驻地已经来不及，便立即召集他的部下，命令他们抛掉笨重的东西，轻骑撤退，到今东乌珠穆沁旗北境驻军休息。桑昆很快就发现他们逃走，迅速带兵追击。而铁木真弟弟合赤温的儿子阿勒赤台手下的两个牧人赤吉歹、牙的儿正在放风时，突然发现山前有大队骑兵奔来，尘土飞扬，便急忙报告铁木真说："脱里的军队追来了！"

针对敌人的部署，铁木真也加紧安排作战方案。忙忽惕氏的首领畏答儿抢先喊道："我来打头阵，我将飞驰上前，把大旗插到敌人后方的山冈上去，显一显我的勇气。我有三个儿子，如果我战死了，请铁木真安答把他们抚育成人！"大将术赤台也不示弱，他冲铁木真叫道："那就让我们兀鲁兀人和忙忽惕人一起为铁木真打头阵！"

铁木真需要的就是部下的勇气，听见有人主动请战，心里非常高兴。铁木真命令术赤台率领先头部队，自己指挥后援部队，一齐到大山前面排列成阵势。这时，畏答儿等人率领的军队已经绕到大山前面，正遇上脱里的先锋首领只儿斤和他的军队。

畏答儿的军队奋勇向前，根本不惧牺牲，只儿斤的军队被紧紧黏住，不得不退了下去。双方军队你追我赶，此时脱里的第二批援军又蜂拥而来，领军的头领叫作秃别干。只儿斤看见后援军队到来，又拨转马头，重新杀入战场。

脱里兵势强盛，很难阻挡。畏答儿这时孤军奋战，落入下风。很快，脱里部队的第三批援军又到了，为首的将领叫作董哀。董哀截住畏答儿，又是一场恶战，术赤台率领军队去增援，全军将士奋勇向前，这才把董哀率领的军队杀退。

随后，脱里部落的勇士火力失烈门又率领第四支援军到来，双方再度陷入血战。铁木真的属下被敌人的生力军一再冲击，真是险象环生。这时，铁木真的军队出现了帅旗，火力失烈门知道铁木真亲自到阵前督战，就丢下了术赤台等人，直接追向铁木真，妄图捉拿铁木真。

博尔术和博尔忽两员大将见火力失烈门冲向铁木真，急忙上前对敌。铁木真的儿子窝阔台指挥军队包围火力失烈门，火力失烈门发现自己身处险境，不敢恋战，向博尔忽的方向集结兵力一鼓作气冲了出去，并趁这个机会，跳出了包围圈，逃跑而去。

博尔术等人紧跟在后面追去，火力失烈门把博尔术引入自己的大军，又转身来战，顿时全军齐上，把博尔术等人团团围困在垓心。博尔术等人这时虽然已经知道中了敌人奸计，但也无可奈何，只得拼命战斗，决心与敌人拼个你死我活。

桑昆得意忘形，命令全军将士说："今天不活捉铁木真，绝不休战！"他的话刚说完，忽然有一支箭向他射来，不偏不倚，正好射在他的脸上。桑昆大叫了一声，连忙伏在马鞍上逃走。所谓射人先射马，擒贼先擒王，大家一看首领受伤了，纷纷撤退。

此箭正是术赤台射出的，刚好射中目标，铁木真军队将士见状立即趁势追赶。桑昆军队也能征善战、临危不乱，一边作战，一边有条不紊地撤退。术赤台率领骑兵追赶了一段路程，担心前方遇到敌人埋伏，就半路撤回来，率领军队回到了大本营。

铁木真望见敌人的军队渐渐退去，也命令各将不要追了。这时畏答儿抱着自己的头，狼狈不堪地返回营地。铁木真问他怎么了，畏答儿回答说："我听到撤军的命令后，在军队后面截击敌人殿后人马时没有穿盔甲，没想到脑后被乱箭射中了，只能撤回。"

铁木真见畏答儿伤势很重，不禁流泪说道："我军这场艰难的血战之所以侥幸胜利，全是因你的勇敢激起了全军将士的勇气。你不幸被流矢射中，我非常痛心！"铁木真亲自为畏答儿的伤口敷药，让他好好休养。

天亮了，铁木真清点人马，发现少了他第三个儿子窝阔台，还有他两个忠实的将领博尔忽和博尔术。铁木真望着茫茫的原野，心情沉重地说道："他们三人掉队了。他们生则同生，死则同死啊！"为了防备敌人的追击，铁木真下令做好迎战准备，同时耐心地等待掉队的三人。

仿佛是老天的帮助，博尔忽带着受伤的窝阔台先回到了营地，随后不久博尔术也被斥候发现，带了回来。这一战，铁木真不仅以少胜多，手下重要的军事将领也未受损，这充分说明了他在军事上的天赋。

博尔忽告诉铁木真："刚才我往这里来的时候，看见卯温都儿山前尘土飞扬，听见马蹄声响，敌人军队已经朝那个方向撤退了。"而木华黎则说："我们可以一边转移部落，一边扩充军队，等到人多势众的时候，再与脱里一争雌雄。到那时我们就可以在北据有朔方大漠，向南攻打中原地区，帝王的大业便不难成就了。"铁木真这才安下心来，指挥军队向其他方向转移。这就是著名的合阑真沙陀之战，是铁木真一生中经历的最为艰苦的战斗。在许多年以后，参战的蒙古人仍在津津乐道战斗的情景。

木华黎志向远大、眼光高远。后来铁木真由弱到强，不断壮大，最后一统草原，都和木华黎的计策有很大的关系。由此可见，国家的兴旺和强盛，关键在于得到人才。人才不仅有助于建国，更能强国。

按照木华黎的计策，铁木真立即率领部落向东转移到了班朱尼河，暂时避开了脱里部落的军事打击。班朱尼河其实就是几个水不多的泉眼，泉水还不够人和牲畜饮用。铁木真一行人又饥又渴，此时恰巧从远处奔来一匹野马，一名将领引弓将马射杀，以浑浊的河水煮食。

看到在患难之中仍跟随着自己的部属们，铁木真感慨万千。他举手望天而誓："如果大业成功，当与各位共享，若说话不算数，变作此河的泥水！"将士们闻听，都很感动。"同饮班朱尼河水"的佳话广为流传，与铁木真同甘共苦的这些将士，后来都成了铁木真的功臣，得到了重赏。

之后，铁木真开始召集部落民众，没过几天，部落民众便响应号召渐渐聚集，达到了四千六百多人。铁木真把部落民众分为两队，一队任命兀鲁兀率领，另一队由他自己率领。他们整天在草原上围场打猎，进行军事演练，以此来提高战斗能力。他们把捕获的猎物作为军粮贮存起来，做好充分的战争准备。

眼看部落遇见难关，畏答儿伤口还未痊愈便要跟随铁木真去打猎。铁木真爱惜他，劝他不要参与打猎，他却不听从铁木真的劝告。最终，畏答儿伤口感染，不治身亡。铁木真将他安葬在呼恰乌尔山上，亲自为他致祭。大家看见主帅对待部下畏答儿真诚仁慈，深受感动，全都泪流满面，决心竭力图报。铁木真见全军将士重振威风，士气高昂，便命兀鲁兀等人率兵出师河东，自己率领军队出师河西，约定到弘吉刺部落会合。

到了弘吉刺部落的领地以后，铁木真命令兀鲁兀去对部落的首领说："我们与你们部落本来就是姻亲，如果今天你们听从我们，就重新和好；不然就请派出军队，决一胜负！"弘吉刺部落首领叫帖儿格阿蔑勒，他心眼很活，预料到自己不是铁木真的对手，且铁木真的母亲和妻子均出身于弘吉刺部落，可以免去兵灾，没必要大打出手，便同意归附铁木真。

弘吉剌部落在蒙古大草原的东南部，他们既然愿意归附于铁木真，那么铁木真就再也不必为东南部担忧了。铁木真收编完弘吉剌部落以后，就率领全军向西进发，到统格黎河边安营扎寨。

　　铁木真安排阿儿该和速客该当使者，向脱里传话：

　　"那时曾救助你的人是谁？是我的父亲。我的父亲为你驱逐走了你的叔父，夺回你的部落民众，让你重新获得了部落首领的位置，于是你们就结拜为兄弟，我也因此尊你为我的义父。这是我有恩于你的第一条。

　　"你本应该告诉你的部落民众，在木里察一战中，我们抢掠了蔑儿乞惕部的大量物资和牧群，并全部给予了你们。因此，你们在不到半天的时间里，让饥饿的人得到饱食；不到一个月的时间里，让衣衫褴褛的民众有衣穿。这是我有恩于你的第二条。

　　"过去我们共同征讨乃蛮部落，你却在返回的途中离开了我。后来又趁我攻打塔塔儿部落的时候，亲自率领部落民众抢掠蔑儿乞惕部落，俘虏了他们的妻子和儿女，抢夺了所有的财物和牲畜，而没有给我留下分毫。我看在我们父子般的情谊上，并没有过问此事。这是我有恩于你的第三条。

　　"你曾经被乃蛮部落将领追杀，损失了大批物资，连妻儿都保不住了，请求我支援你。我命令木华黎、博尔术、博尔忽和赤老温四员能征善战的勇将给予你大力支援，夺回他们所抢掠的财物和人口，并全部归还于你。这是我有恩于你的第四条。而作为回报，你又是如何对待我的？好好想想吧！"

铁木真把自己和脱里的关系用打比方的方法阐述："我们两个部落就像车子的两个轮子，只要去掉了其中的一个轮子，牛就无法把它拉动。如果把车子抛弃在道路上，车子中的货物就会被别人偷盗而去；如果把车子牢牢地拴在牛的身上，牛就会被困守在那里直到饿死；我们如果强迫牛拖着车子走，牛就会精疲力竭，最后死亡！"

铁木真又传话给桑昆说："我是你父亲的义子，你是你父亲的亲生儿子。我的父亲过去对待你和我，始终如一，充满仁爱，我又怎会谋害你？你的父亲已经年老了，现在你就是你父亲唯一的依靠。如果你不改掉嫉妒的心性，是很难成就大业的。"

桑昆听罢，愤怒地说："我没有耐心和他进行什么辩论，大不了就是打一仗罢了！如果我胜利了，他就应该让我；如果他胜利了，我就让他！还要派遣什么使者，传递什么话语！"桑昆并没有反思上一次战败的原因，面对铁木真的示好再次拒绝，这注定了下一战的结果仍是失败。

桑昆命令部下必勒格别乞脱说："即刻挂上帅旗，准备好鼓角、军马和武器，准备与铁木真大战一场。"阿儿该等将领看见脱里说一套做一套，无意与铁木真和好，就立即回去报告了铁木真。铁木真因脱里实力强大，难免有所顾虑，心生担忧。

于是，木华黎为铁木真献上计策，铁木真听了十分高兴，马上同意了。之后，铁木真命令移寨向后撤退，返回班朱尼河。途中他们遇见豁鲁剌思部落里的人投奔而来，另外还有回教徒阿三，也从居延海来到这里投靠，铁木真都一律予以优待。

回到了班朱尼河，铁木真忽然看见弟弟合撒儿狼狈不堪地回来，便问他出了什么事。合撒儿回答说："我因为收拾营帐，迟走了一步。不料脱里竟然派兵前来袭击，把我的妻子和儿女都抢去了。我若不是走得快些，恐怕也被他俘虏了。"

脱里的背叛彻底激怒了铁木真，也激怒了整个蒙古部，铁木真立刻就要与脱里开战。但是木华黎一力劝阻，希望按照原定计划反击脱里。铁木真从善如流，选择先忍一时。

回到驻地之后不久，合里兀答儿与察兀儿等前来投奔。他们两人和合撒儿都是铁木真的旧部，交情很好，因此被木华黎授以重任。两个人说："前几日受合撒儿密令，叫我们去见脱里，脱里相信了我们的谎言，便派了一名使者跟随我们回来，我们两个人就把他捉住，前来拜见主帅。"铁木真问："你们对脱里怎么说的？"二人道："合撒儿想了一计，说假降脱里，让我们先去通报。脱里果然中计，便派了使者随来。"

话没说完，合撒儿就来了。他二话没说，一刀就把使者砍杀。

合撒儿说："木华黎叫我派使者假装投降获取情报，我便让他们对脱里说'我的哥哥背叛了我，不知去向，我的妻子和儿女已经被义父扣留了，我就只能来投靠义父了。义父若能念我以前的功劳，我就赤手空拳地前去投靠'。没想到脱里竟然中了我的计。我的刀吃斋很久了，怎能不让它也跟着出点风头！"

木华黎对铁木真说："脱里经常在暗地里派兵袭击我们，我们为何不礼尚往来，也学他派兵去袭击？"合里兀答儿说："脱里并没有防备我们出兵，这几天正在大摆筵席，个个喝得晕头转向，此时正是袭击他们的好时机。"木华黎说："我们偷偷进军，临近脱里的驻地再全军出击，他必定没有防备，这次不能让他们有一个漏网之鱼！机不可失，时不再来，事不宜迟，应赶快行动！"铁木真说："他们就在山上，听说我军突然到来，必然会下山逃走，我们必须截断他们的逃跑路线才行。"木华黎说："这是自然的，我已经做好了安排，定让脱里大军无处可逃。"

此时的脱里正与部落民众在山上大摆筵席，全军将士都吃得不亦乐乎，喝得酩酊大醉。在醉眼蒙眬中，刺耳的嗯哨声猛然响起，千军万马突然排山倒海般地向山上杀来。全军将士惊慌失措，人来不及披上盔甲，马来不及备上马鞍，哪里还能抵抗敌军！转眼之间，全军就被打垮，将士四散奔逃。

脱里溃军刚到山脚下，没想到早就埋伏好的军队一齐杀出，比上山的人马还多。脱里的军士叫苦不迭，只得硬着头皮上前与敌军厮杀。哪知杀出一层，又被包围了一层，杀出两层，又增加两层，整整交战了一天一夜，也没有一个人逃出来，反而伤亡了好几百人马。

第二天，脱里的军队和铁木真的主力军又重新开战。铁木真的军队仍然像铜墙铁壁一样牢不可破、无缝可钻，脱里大军被死死困住。到了第三天，脱里部落的民众大都疲劳不堪了，无法继续作战，只好束手就擒，乖乖地当了俘虏。

这便是木华黎的计策，从撤军回到班朱尼河，他就已经开始筹划，一步一步为反击做好了准备。这一战让他的智计名扬草原，他也因此成为铁木真最得力的大将。

铁木真在与脱里的战斗中大获全胜。他把在战争中获得的所有财物，甚至俘虏来的一些美女，全部分配给了有功劳的将士作为奖赏，部落民众各个欢呼雀跃。他又命令部下把脱里军队的将士全都捆绑牢实，由自己亲自检查。可检查了一圈，他发现恰好少了脱里父子，于是命令部下再到各处搜查寻找，却仍不见他们的踪影。

原来，铁木真率军突袭脱里大军之时，脱里领着他的儿子桑昆与少数随从已从山的侧面落荒而逃。

一路上脱里特别恼恨桑昆，吃了败仗的他仰天长叹说："人家与我并无嫌隙，我偏要去怀疑、嫉妒他，最后身败名裂、家破人亡，糊涂呀！"桑昆嫌父亲啰唆，顿时怒容满面，圆睁双眼，想和父亲争执。脱里说："你闯下了滔天大祸，怪谁呢？"桑昆骂道："你既然那样偏爱铁木真，那就让他为你养老吧，现在我就永远离开你！"

桑昆带领着残兵败将离开了，只留下脱里一人。脱里漫无目的地游走，不知不觉走到了乃蛮部落的边境。他觉得口渴难忍，就取河水饮用。哪里知道，这时乃蛮部落的边将火力速八赤看到了他，怀疑他是一个奸细，便不分青红皂白，一刀将他拦腰砍为两段。可怜一个部落首领，一口水都没喝到就死于非命！

桑昆在荒原里逃命，经过西夏的亦集乃城（即今天的额济纳），后又到叶蕃，靠抢劫、偷盗生存。当地官兵包围了他，他又仓皇突围而出，向西逃到曲先（今天新疆的库车）。曲先的首领和居民也不待见他，于是把他抓起来杀掉了。

风云一时的克烈部和脱里从此消逝了，这使铁木真扫除了他统一草原的最大障碍。在统一蒙古草原的整个过程中，脱里帮助铁木真击败了几个部落，消灭了不少割据一方的大大小小的部落，从这个意义上来说，他是有功业的。如今，脱里的基业已为铁木真所有，铁木真就此成为草原上最强大的势力。

从此，蒙古草原出现了蒙古与乃蛮两大对立阵营。草原上与铁木真为敌的各支蒙古部落首领，如蔑儿乞惕的脱黑脱阿、蒙古部的札木合纷纷投靠乃蛮。一向被乃蛮视为落后的蒙古人，居然强大到与自己分庭抗礼，此时，太阳汗意识到铁木真下一步要与他进行终极对决了。"天上只有一个日月，地上如何有两个主人？"于是，乃蛮的太阳汗决定出兵攻打蒙古。

铁木真接到乃蛮发兵的消息，不待乃蛮发兵，自己便催军出战。公元1204年四月十六日这天，铁木真祭旗出征乃蛮，双方相遇于杭爱山。恰巧，铁木真部下的一名斥候骑着白马，因马受到惊吓，就跑到乃蛮军中，被乃蛮人捉住。乃蛮人见到蒙古军的瘦马，不屑地说："他们的马瘦，人也不咋的，没什么可怕的。"的确，这次乃蛮不仅人数众多，而且得到了铁木真旧日仇敌札木合的援助，可谓铁木真的劲敌。

面对敌众我寡的形势，铁木真手下的扯儿必官朵歹提议说："我们的兵少，而且远道而来，人疲马乏，可先在这里驻扎，喂饱战马。乃蛮虽然人多势众，但是太阳汗是个没有见识的愚弱蠢货，不妨先点起篝火威吓他，让他手忙脚乱，待我们喂饱战马，再行进攻，直指他们的中军大营。这样如何呢?"铁木真十分赞同他的建议。

铁木真下令点火。全军每人点起五堆篝火。乃蛮哨兵望见满川的篝火，赶紧报告太阳汗："谁说蒙古人少?他们的军队布满了萨里川，夜间他们燃起的火，比天上的星星还多。"这时太阳汗正驻扎在合池水，便派人对儿子屈出律说："蒙古人的马瘦，但人数不少，他们的篝火比星星还要多。"看来障眼法对这个惯于纸上谈兵的大汗奏效了。

太阳汗的部下认为，应该趁蒙古人马瘦之时，整顿军队，引诱他们上来，待到达阿尔泰山麓时，再和他们开战，如此可以稳操胜券。但是屈出律听到这些话，竟暴怒起来，嘲讽自己的父亲："太阳汗像无知的妇人，没有远见。"

太阳汗被屈出律的话激怒了，他狠狠地说："大不了就是一死，既然这样，我们开战吧！"于是挥军从合池水前进，渡过斡儿寒河，来到纳忽山崖前。哨兵向铁木真报告："乃蛮人来了。"铁木真下令："乃蛮人进攻，来一个杀一个，来两个杀一双，让他们在黄泉路上有个伴。"

铁木真亲自做先锋，命令合撒儿率领中军，斡赤斤带兵做后备。于是蒙古军队一浪高过一浪地冲到纳忽山崖前。太阳汗望着冲上来的蒙古人，问身边的札木合："那些如驱逐群羊的狼一般的战士是谁？"札木合回答："是铁木真安答用人肉养育、用铁索拴着的四头獒犬，哲别、忽必来、者勒篾、速不台。他们有铜一样的头，凿子一样的齿，锥子似的舌，铁一样的心。他们以环刀为马鞭，挣脱了铁索，流着馋涎，饮露骑风，欢天喜地来捕食了。"

懦弱的太阳汗感到十分紧张，说："那样的话，还是离那些军队远一点好。"

札木合看到太阳汗那懦弱无能的样子，感到毫无胜利的希望，叹息道："一开始乃蛮人发动进攻，把蒙古人看成小羔羊，扬言连他们的蹄皮也不留下。现在看来，自己才是笨蛋一个，软弱无能，完全不是那么回事！"所以他在恐吓了太阳汗之后，便带领自己的人马远离战场而去。

札木合在离开太阳汗之后，又派人去跟铁木真说：
"太阳汗听了我吓唬小孩的话，已被吓得发昏，他争着爬
上山顶，完全丧失了斗志。我已经离开了他，铁木真安
答，你要小心从事！"

　　铁木真得知札木合离去的消息，坚信太阳汗已经没有
斗志，于是下令让军队进攻。太阳汗的军队被杀得大败，
他本人也受了伤，用尽全力逃了出去，等到铁木真的蒙古
大军打扫战场时才发现他已经跑了。太阳汗躲在山坡上，
只有豁里速别赤等几名将领跟随着他。他几次想爬起来，
但由于伤势太重，已无能为力了。将领们企图让太阳汗振
作起来。豁里速别赤说："太阳汗啊，起来，让我们去厮
杀吧！"太阳汗却被吓破了胆，彻底丧失了斗志。

　　将领们对太阳汗很失望，狠狠地说："让我们在他面前
厮杀吧，让他看着我们战死吧！"说着便冲下山坡激战，直到
全部战死。铁木真很惊奇，对他们的坚贞忠诚赞不绝口。

　　夜里，在蒙古军的追击下，众多乃蛮士兵争相逃跑，因
极端惊恐，无数士兵从纳忽山的悬崖上跌落。太阳汗被擒住，
后因伤势过重丧命。

　　铁木真收降了乃蛮余众。札木合逃走了，跟随他的札
答阑部、朵儿边部、台答斤部、散只兀部、塔塔儿部等
残余部众也都向铁木真投降了。太阳汗的儿子屈出律带
着几个人逃了出去，逃到塔米儿河时，蒙古的追兵也赶
到了。屈出律只好继续奔逃，一直逃到他的叔叔不欲鲁
汗那里。

自恃文明、强大的乃蛮部，在铁木真的打击下土崩瓦解了。从此以后，草原上再也没有能抵挡铁木真一统草原的部落了，许多小部落归附铁木真，形成一个强大的蒙古部落群。

此时，能让铁木真放在眼中的只剩下札木合了，然而札木合已是明日黄花。在脱里、太阳汗相继灭亡之后，他很害怕，犹如丧家之犬。其实，在争霸草原的过程中，札木合曾经是蒙古部最有实力的人物，铁木真一度是他的附庸。但札木合在与铁木真、脱里的持久战中一再吃败仗，他的部众都说他没主见，纷纷离他而去，只有五个心腹跟随着他。在铁木真的追击下，札木合等六人逃到傥鲁山，即今天的唐努山，不仅失去了领地和牲畜，有时候还需靠打猎为生。

某一天，他们捕猎到一只羊，共同食用。札木合一边吃一边问心腹们："你们是穷人的儿子，今天能吃到这样的羊肉，难道还不满足吗？"心腹们本来就对跟着札木合忍饥受苦心怀不满，现在听到札木合的挖苦言语，顿时怒不可遏，趁他低头吃羊肉的时候，一拥而上把他抓了起来，先揍一顿，然后送到了铁木真处请求投降。

铁木真本担心路途遥远，将士劳苦，不想对札木合穷追不舍，就下命令停止追击，率领大军返回营地。这时他听说札木合被人捉拿了，立即召见报告情况的人。来人报告说："我是札木合的属下，因为惧怕铁木真的威名，不敢把札木合私自藏匿起来，所以就把他捉拿送来，请求惩治。”

铁木真并没有立刻去见札木合，两人曾是安答，亲如手足，却因为种种原因反目成仇。此刻札木合被自己抓住，铁木真也觉得悲凉。

铁木真叫合撒儿给札木合传话："我们本来有很深的交情，我过去曾经受到过你的恩惠，我至今也铭记不忘。你为什么投奔别人？不如跟我好好干吧！"札木合叹息了一声，回说："我过去曾经和你们的主帅有交情，情意深厚，后来因为被别人挑拨离间与他反目，不如让我自行了断吧！"

铁木真按照蒙古贵族的规矩，下令按对待贵族的方式，赐予札木合"不流血而死"。这是因为蒙古人认为灵魂居于血液之中，不流血就保住了灵魂。

至此，铁木真大军大获全胜，向东返回了位于斡难河畔的营地，这标志着铁木真一统草原的大业已经完成，即将迎来新的时代。

三、建立基业

宋宁宗开禧二年（1206）冬月，铁木真召集各个部落首领到斡难河畔参加"忽里勒台"大会，竖起了古老的九旒（liú）白纛的旗帜。蒙古俗称这种旗帜为"察干苏勒德"，象征王权和军威。旗帜在草原大风中飘扬，军帐的正中坐着八面威风的铁木真，他的两旁侍卫林立，各部落首领依次进帐拜见，互相庆贺战争的胜利。

出身晃豁坛氏的巫师阔阔出进言："如今地上称为古儿罕的各国君主均被你征服，其领土都归你治下，因此你应该有普天下之汗的尊号。"于是"成吉思汗"之名便诞生了，在蒙古语中意为"拥有海洋四方的可汗"。

后世的蒙古人对"成吉思"一词的解释，又添加了美丽的神话色彩。他们说，在铁木真即汗位的前三天，每天清晨都有一只五色鸟落在屋前的方石上，布谷鸟似的响亮地鸣叫："成吉思、成吉思。"于是便以吉祥之鸟的鸣叫声称铁木真为"成吉思汗"。

成吉思汗登上大汗的宝座以后，大赏有功之臣。除了将他的兄弟封赏为王以外，建立特殊功勋的那颜（官员，蒙古贵族统称）还被授予种种特权。那颜阶层是成吉思汗"黄金家族"统治蒙古人民的支柱，他们对可汗和诸王处于绝对从属地位，高级"那颜"参与国政，有商议国策、推举大汗的权力。另外，因为木华黎立功最多，博尔术次之，成吉思汗就分别封赏他们为左万户和右万户。其他各位将领，也根据立功大小，给予相应的封赏，有九十五人被封赏了千户的官职。

千户制的建立标志着部落和氏族制的瓦解，这是一种军事、政治、经济三位一体的制度，是蒙古汗国统治体制中最重要的一环。

成吉思汗分封完万户、千户之后，马上着手扩建中军护卫怯薛军，即蒙古帝国及日后元朝的禁卫军。由于怯薛军分四班轮番入值，习惯上称为"四怯薛"。正在执行任务的护卫人员叫怯薛歹，从事宫廷服役的怯薛歹称为怯薛执事。怯薛歹从万户官、千户官、百户官、十户官及自由民的儿子中挑选，这说明成吉思汗将这支军队视为最重要的嫡系部队，并且可以控制贵族的子嗣。

成吉思汗规定，怯薛军的主要职责有三项：一是护卫大汗的金帐；二是"战时在前为勇士"，充当大汗亲自统率的作战部队；三是分管汗廷的各种事务。因此可以说，成吉思汗建立的怯薛军既是由大汗直接控制的常备武装，又是一个分管中央日常事务的行政组织，它已经发展成为蒙古汗国庞大的统治机构。

成吉思汗给了怯薛军们优越的地位：怯薛歹的地位高于在外的千户官；从者的地位在百户官、十户官之上。成吉思汗建立这样一支强大的护卫军，对于维护汗权、巩固新生的统一国家、防止氏族贵族重新发生内战是十分必要的。当然，它也是成吉思汗对外征战的有力工具。

太阳汗曾经的掌印官是畏兀儿人塔塔统阿，战争中他被蒙古军擒获。成吉思汗认为，使用印章处理经济和粮食的开支、下达文件做凭证是一个好办法，便把塔塔统阿留在身边掌印。

蒙古人原来没有文字，只靠结草刻木记事。成吉思汗任命塔塔统阿掌管金印和钱谷后，又让塔塔统阿用畏兀儿文字母拼写蒙古语，教贵族学习，这就是"畏兀字书"。从此以后，蒙古汗国的文书，"行于回回者则用回回字"，"回回字只有二十一个字母，其余只就偏旁上凑成"，"行于汉人、契丹、女真诸亡国者只用汉字"。而在一个相当长的时期内，蒙古本土还是"只用小木"。

为了帮自己处理日常政务，成吉思汗设立了大断事官。大断事官是兼管司法和财政的官职，被人们称为"国相"，与汉族的丞相一样在国家政治生活中有举足轻重的地位。直到忽必烈至元二年（1265），元朝设立大宗正府，大断事官才专主宗正府，治蒙古宗室事并兼理刑名，才不再是行政长官。大断事官之下设有若干断事官，为其僚属、下级。

公元1219年，成吉思汗西征之前，再次召集蒙古贵族大会，重新规定了领导规则、法律和命令。他命人将这些都写在纸上，并命名为《大札撒》。为首的宗王都领有一部《大札撒》，藏在金匮之中，以后凡是遇到新的大汗即位、调动大军、集议大事，均以《大札撒》为依据。

札撒和箴言保护黄金家族的统治，规定人们必须留在指定的千户、百户、十户内，不得转移他处，凡是私自转入的人都要被处死；还要求人们为统治者竭忠尽力，平时应该像牛犊一样驯顺，作战时则要像扑向野禽的饿鹰。

四、对外扩张

大蒙古国建立后，成吉思汗就开始发动大规模征服战争，把为"黄金家族"攫取财富作为自己的首要目标。

当时诸国中，金朝逐渐兴盛起来以后，西夏就逐渐衰弱了下来，并且经常发生内部动乱。在李仁孝当皇帝的时候，国内的奸臣执掌了大权，国势衰退，岌岌可危。幸好金世宗发来救兵，对他进行帮扶，才得以平息国内的动乱，使国家逃脱了灭亡的命运。只是从此以后，西夏就受到了金朝的影响，丧失了独立自主的权利。

西夏皇帝李仁孝去世后，他的儿子李纯祐继位。后来，李仁孝的侄子李安全篡夺了皇位，西夏又动荡不安起来。于是，这个气息奄奄的西夏就首当其冲，成了成吉思汗第一个打击的目标。李安全恐怕要"不安全"了。

公元1205年、1207年、1209年，成吉思汗连续三次对西夏用兵。第三次进攻时，李安全任命自己的儿子李承祯为元帅，部下将领高逸为副元帅，率领军队据守斡罗孩。

蒙古大军一到斡罗孩，高逸就立即出城迎战。双方战斗了几个回合，高逸就被蒙古军士活捉了过去，其余兵士战败后则撤到了城里。他们哪里经受得了蒙古军夜以继日的猛烈攻击，李承祯惊慌失措，只得趁着黑夜打开了城门，狼狈逃窜。

蒙古军夺取了斡罗孩，接着就直逼克夷门，西夏军队无力抵抗，蒙古大军如入无人之境，攻无不克、节节胜利。

最终，蒙古大军包围了西夏都城中兴府，李安全惊慌失措，一面派遣使臣到金朝乞求支援，一面在城中拉壮丁充军，坚守城池。西夏的城池非常坚固，蒙古军接连进攻了多次，都无法攻克下来。最后成吉思汗想出了一条计策，即让部队挖开河道，把城外的河水灌入都城。这下奏效了。水漫全城，城中军民全部成了"鱼虾"，西夏的斗志跌到了谷底。

李安全等待的援军久久不见到来，最后不得不和成吉思汗商议投降条件，并且把自己心爱的女儿察合献给了他。成吉思汗认为此时灭亡西夏的时机还不成熟，暂时准许了西夏的和议条件，撤退了军队。

但李安全是个昏庸的君主，他认为成吉思汗以前不过是金朝封的小官，现在坐大都是金朝的问题，于是便派出军队攻打金朝的葭州。可毫无意外，他又被金朝将军庆山奴打败。结果，他转头又向北请求蒙古援助，怂恿蒙古讨伐金朝。西夏皇帝的名字虽然叫"安全"，处境却和他的名字相反，时时处处都有危险。他还一贯喜欢挑起战火，真是名不副实。

女真族原来是在辽朝统治下的弱小民族，但女真人向来以能征善战著称，"人一满万，天下无敌"，这是世人对女真人的评价。后来完颜阿骨打率领数千人起义，领导了对辽朝的反抗斗争，只用了几年时间就灭了辽朝，建立了金朝。随后他们又南下攻宋，俘虏了徽、钦二帝。

金朝成了中国北方一个富庶、强大的政权。到成吉思汗南下时，金朝人口已经发展到近五千万，比当时的蒙古多四十余倍；军队也在百万以上，比蒙古多出十倍。当时有人曾说："金朝如海，蒙古如一掬细沙。"然而战争的结果却是"一掬细沙"填平了"大海"。

公元1208年，金章宗去世，其叔父卫王完颜永济继位。完颜永济即位后，遣使传诏蒙古。成吉思汗接到诏书便问使者："新皇帝是谁？"金朝使者回答说："他就是原来的卫王永济。" 成吉思汗当即唾道："我以为中原的皇帝都是天上的人来当的，原来这样的人物也能当皇帝，那我岂不是也可以当了!"

柔弱、愚钝的完颜永济即位称帝，正好为成吉思汗伐金提供了有利时机。当时，完颜永济听闻成吉思汗的唾骂异常愤怒，想要出兵蒙古。但消息走漏，成吉思汗决定先发制人。

公元1211年，成吉思汗以替祖先复仇为由，大举南下。完颜永济集中四十五万大军，与蒙古十万军队在野狐岭展开了一场大决战。结果金军大败，伏尸百里。

野狐岭之战是金朝失败、蒙古胜利的大转折，也是中国古代军事史上以少胜多的典范战例。完颜永济用人不当，一仗输了金朝的元气。正如一位史家所说："这一战耗尽了金朝的百年家底。"

公元1213年，金朝发生政变，完颜永济被杀，金宣宗继位。此时，蒙古大军已将黄河以北地区几乎全部"梳理"了一遍。

公元1214年，蒙古三路大军会合，包围了金朝中都。迫于形势，金宣宗献出歧国公主和五百童男童女求和，成吉思汗撤兵。因害怕蒙古再次进攻，金宣宗不顾众人的反对，决定迁都汴京（今河南开封）。听到消息后，成吉思汗包围了中都。

公元1215年，中都被攻破，成吉思汗下令入城抢劫财物。金中都经过这场灭顶之灾，一座繁华的都城变成了一片废墟。

公元1216年，成吉思汗封木华黎为太师、国王，授予其象征大汗权威的九斿白旗，让其率领扎剌亦儿、兀鲁兀惕、忙兀惕、亦乞列思、弘吉剌惕"五投下军"（剌真八都的五个儿子，《元史》记载"当开创之先，协赞大业。厥后太祖即位，命其子孙各因其名为氏，号五投下"，是蒙古帝国的主要军事力量）以及契丹、女真、汉族各军，以燕、云为前进基地，专门经略金朝。成吉思汗则开始将注意力转向西方大国——花剌子模。

花剌子模在当时的中亚地区相当强大，他们的国王摩诃末号称"世界征服者"。中亚地区和相邻的欧洲诸国都十分惧怕他，连斡罗思（今俄罗斯的前身）的不少公国，也常常被他们骚扰，以致花剌子模的集市上常常有斡罗思人被拍卖。

公元1215年，成吉思汗曾接见过花剌子模使团，并派遣一支四百五十人的商队回访。不幸的是，这支商队在公元1218年进入花剌子模边境城市讹答剌时，被守将海儿汗诬陷为间谍，商队成员悉数被杀。成吉思汗派遣三名使者前往花剌子模宫廷质问此事，又被傲慢的摩诃末处死一人，其余两人被剃须后驱逐出境。

花剌子模的野蛮行径惹恼了成吉思汗。公元1219年夏，成吉思汗亲率二十万大军，兵分四路，开始了对花剌子模的征服战争，历史上也将这次战争称为蒙古第一次西征。

摩诃末不可一世、目空一切，他认为蒙古人就是一群野蛮的异教徒，骑着像兔子一样矮小的马，根本不堪一击。他第一次在西辽边境同哲别率领的蒙古小股部队相遇的时候，才领略了蒙古人的战斗力。

面对蒙古大军的进攻，摩诃末国王拒绝了集中兵力决战的正确建议，采取了分兵把关、城自为战的被动挨打的战略。当蒙古大军日益逼近时，摩诃末国王又放弃首都，放弃天险，率众逃跑，从未组织过一次像样的抵抗。根据成吉思汗的命令，哲别、速不台率军追击摩诃末。成吉思汗要求他们要像猎犬一样咬住猎物不放，即使其躲入山林、海岛，也要像疾风闪电般追上去。最后，逃往海岛的摩诃末悲惨地死去。

公元1222年冬，成吉思汗启程东还，并于1225年春回到蒙古本土。由哲别、速不台率领的一支追击摩诃末的分遣队，则深入罗斯南部，在击溃罗斯、钦察联军后，又攻入克里米亚半岛，随后返回蒙古。蒙古第一次西征至此结束。

如何看待成吉思汗西征，古今中外一直有不少争议。蒙古人是马上民族，他们在马背上降生，在马背上成长，甚至在马背上死亡。成吉思汗是个马上君王，他跨马挥刀统一了蒙古草原，攻下了金朝的中都，又将马蹄所到之处视为自己的领土，掠夺奴隶和财物。他为自己的子孙经营了一片理想的领地。

经过了七年西征的成吉思汗回到了蒙古草原，但是他的一生注定要在征战中结束。公元1227年，因西夏背盟，主将木华黎含恨而死。爱将身亡，又激发了这位年迈大汗的血性，他不顾六十四岁高龄，坚持亲征西夏。

他重新招集和编制军马，全军浩浩荡荡，陆续向西夏进军。

途中一日，成吉思汗骑着一匹红鬃骏马在郊外打猎，突然一只野猪猛冲了过来，直接奔跑到战马前面。成吉思汗凭借他娴熟的弓箭射击技巧，一箭射出去，野猪当场毙命。但他心中正在得意的时候，突然发觉马的脑袋高高昂起，马的四条腿在地上乱踢乱蹬，结果他从马背上摔了下来。

成吉思汗戎马一生，南征北战，在马背上度过了大半生，没有人知道他驾驭过多少骏马。但是这匹摔他下地的马，可能是上天有意为他选择的，偏偏被凶猛的野猪惊吓，导致失去控制，把他重重地摔伤。从此，他的身体一直欠佳，后来就生起寒热病来。

在清水县，成吉思汗受伤还没有痊愈的身体，又因天气暑热而每况愈下，他感到自己已经不久于世，便召唤儿子们到跟前来。

成吉思汗对病床前的儿子们讲了一个蛇的故事："寒冷的夜晚，一条多头蛇想爬进洞里御寒，但每个头都争着抢先往洞里爬，互不相让，结果它被冻死在洞外。而一条单头蛇却毫无困难地爬进了洞里，躲过了严寒。"儿子们明白父亲的用意，便一齐跪下来说："我们都俯首听您的命令和吩咐。"

成吉思汗就自己的丧事和彻底灭亡西夏做出指示："我死后，你们不要为我发丧、举哀，好叫敌人不知我已死去，可以吓唬他们一阵。当西夏皇帝和居民出来时，把他们全部杀掉！"

公元1227年七月十二日，成吉思汗死于清水县，终年六十六岁。成吉思汗的遗训后来也得到了很好的执行，从此西夏灭亡，在历史上消失。

传说，成吉思汗的灵车行进到穆纳山，车轮突然深陷于泥淖之中，套上什么样的牲畜都无法拉出。按惯例成吉思汗应当归葬故土，这里距他的出生地有六天路程。于是雪你惕部的吉鲁格台勇士以手指着北方，向成吉思汗的灵车唱挽歌，歌刚唱完，成吉思汗的灵车就重新启动了。

护送灵车的军士将一路上所遇到的一切生命全部杀死。成吉思汗的亲族闻讯从四面八方赶来，有的因路途遥远，直到三个月后才赶到。拖雷主持葬礼，他们准备了大量祭品，并以四十名美女殉葬。成吉思汗的棺木，则用两块大木头凿出大小正可容体的空间，将遗体放入后合拢，外涂油漆，再以三道黄金圈固定。

成吉思汗埋葬在所谓的"起辇谷"，具体地点至今仍是未解之谜。按照蒙古民族的风俗，成吉思汗葬后不留坟冢，而是驱万马将土地踏平，只在葬处宰杀一只小骆驼，来年草生，一望平坦，祭祀时牵来母骆驼，母骆驼嗅小骆驼的血悲鸣的地方就是埋葬的地方。然而后人渐渐再也找不到确切的埋葬地点了。

伊朗著名史学家志费尼在《世界征服者史》一书中说："倘若那善于运筹帷幄、料敌如神的亚历山大活在成吉思汗时代，他会在使计用策方面当成吉思汗的学生，而且，在攻略城池的种种妙策中，他会发现，最好跟成吉思汗走。"甚至拿破仑本人也说："我不如成吉思汗，他的四个虎子都争相为其父效力，我无这种好运。"

孙中山先生曾说："亚洲早期最强大的民族之中，元朝蒙古人居首位。"毛泽东将成吉思汗亲切地称为"一代天骄"，将他与中国历史上著名的帝王秦始皇、汉武帝、唐太宗、宋太祖相提并论。

伟大的军事统帅成吉思汗及其继承者，不仅组建了一支当时天下无敌的强大骑兵，出色地解决了军队给养、后勤供应问题，还创造性地运用了一系列符合骑兵作战特点的战略战术，取得了一个又一个胜利。

同时，亚欧之间经济文化的交流直接促进了历史的进步。比如，造纸术和印刷术传入欧洲，促进了欧洲文化的发展，将欧洲文化从神学手里解放出来，出现了文艺复兴。火药和火器传入欧洲，也发挥了巨大作用。恩格斯说："在十四世纪初，火药使整个作战方法发生了变革，这是每一个小学生都知道的。""火药和火器的采用绝不是一种暴力行为，而是一种工业的，也就是经济的进步。""以前一直攻不破的贵族城堡的石墙抵不住市民的大炮。贵族的统治跟身披铠甲的贵族骑兵队同归于尽了。"指南针传入欧洲则促进了欧洲航海事业的发展，此后才出现了哥伦布等人的远航，使他们发现了新大陆。

有的学者这样说："成吉思汗这样的天之骄子的诞生，使世界从沉睡中觉醒，东西文化交流促成。《马可·波罗游记》促使哥伦布探险，美洲大陆被发现，欧洲人一度掌握世界霸权，后又美国崛起，日本被美国打败等。所以，我把成吉思汗的诞生看作改变世界方向，形成今日世界的催化剂。"

第 二 章

政治风暴

——爷仨的恩怨情仇

公元1229年，窝阔台即位。

公元1230年，窝阔台亲自率领大军讨伐金朝。

公元1231年，窝阔台设立中书省，以耶律楚材为中书令。

公元1234年，窝阔台联合南宋灭金。忽秃忽为中州大断事官，全面编籍中原户口。

公元1235年，窝阔台建都于和林，位于今蒙古国中部后杭爱省爱山南麓，额尔浑河上游右岸。

公元1239年，阔端命其部将进军吐蕃。

公元1241年，窝阔台卒。

公元1246年，乃马真氏召开忽里勒台选汗大会，贵由即位，并南征招降吐蕃。

公元1247年五月，阔端和萨班共同达成了吐蕃归附蒙古帝国的协议。

公元1248年三月，定宗卒，皇后海迷失后欲再立失烈门听政。

公元1251年，蒙哥汗即位。

公元1251年，忽必烈受命统领漠南汉地军民事。

公元1252年，蒙哥派出使者到汉地进行人口普查。

公元1252年，蒙哥命忽必烈征大理，诸王也古征高丽。

公元1253年，蒙哥遣弟旭烈兀西征，塔塔儿带撒里等征欣都思（印度）、怯失迷儿（克什米尔）等国。大理灭亡。

公元1258年，蒙哥、忽必烈和大将兀良合台分三路大举进攻南宋。

公元1259年八月十一日，蒙哥卒。

公元1260年，忽必烈称帝，建元中统，设立中书省，总掌政务。

公元1264年，与忽必烈争位的阿里不哥战败，忽必烈成为蒙古帝国正式统治者。

公元1266年十月，太庙建成，制尊谥庙号，元世祖忽必烈追尊蒙哥庙号为宪宗，谥号桓肃皇帝。

公元1265年，汴梁路封户在窝阔台四子中重新分配。

公元1269年，察合台后王八剌正式脱离元廷，成为又一个较独立的宗藩之国。

一、开疆拓土

大蒙古国的建立意味着帝系的建立和继承问题的出现，因此西征前，成吉思汗诸子之间曾发生了一场关于长子术赤的出身与汗位继承问题的争吵。当时争论的焦点并不完全集中在术赤的出身及血统上，而是集中在究竟由谁继承汗位上。继承人能否使自己的事业发扬光大，是成吉思汗考虑问题的出发点。

术赤是长子，又立下了赫赫战功，按理说最有资格继承汗位。但当时关于此人是不是成吉思汗亲儿子的争论，在成吉思汗心理上留下了阴影，这个阴影一直伴随他走完了自己的一生。察合台是孛儿帖生的二儿子，打起仗来不失为一员猛将，从不服输，不过他生性鲁莽、残忍好斗，不是当帝王的材料。

窝阔台是老三，论战功和勇敢他都不如两个哥哥。可是他比两个哥哥聪明，能够体察成吉思汗的心思，为人随和，总能用折中的方法解决问题，也从不参与兄弟之间的争斗，从不对继承汗位表现出任何热衷。正是这一点，使他得到了成吉思汗的信赖。

而真正让成吉思汗认识到窝阔台有过人能力的事件发生在公元1220年秋天。当时，成吉思汗派遣窝阔台、察合台哥俩率军进攻花剌子模的首都玉龙杰赤（今土库曼斯坦库尼亚-乌尔根奇）。为顺利实现战略目标，他还同时命令术赤率军从其驻地南下合围。结果，蒙古军队在夺取一座桥梁时遭遇敌军突袭，损兵折将三千余人。

蒙古军在军事失利的情况下召开了军事会议，结果在会议上出现了两种不同的声音。察合台认为，按蒙古军攻击惯例，应当破坏性地强攻城池，给敌人一个下马威。而术赤考虑到强攻会带来进一步的损失，想用"软攻"之法以保城市的完整，同时减少将士的伤亡。当时，与会双方各执己见，大声争吵起来。

一向自负的术赤看到军事会议中自己提出的"软攻"之法有人反对，愤然离席，当即组织军队按照自己的方式攻城。等到了城下，他先派遣少量前哨像往常一样劫掠财物，等把守城士兵引诱出城之后，又用计将敌人引诱到数里外，和埋伏在这里的士兵一起打败了敌军。但从此城内守军坚持固守，不再出战。

蒙古军队攻城遭到城内守军的抵抗，他们的坚守不出让术赤非常头痛。他派人招降，却遭到城主库马尔拒绝；又派遣三千兵士进攻，却又遭到敌军围困，导致全军覆没。就在他无比为难之时，和他有战术分歧的察合台站了出来。

察合台准备顺风放火，把城池夷为平地。术赤坚决不同意这种做法，双方再次争执不下。

由于战术的分歧，蒙古军攻城久攻不下，最后决定让成吉思汗解决争端。此时成吉思汗无暇亲身前往，于是他任命窝阔台为前敌总指挥，负责攻城和调解术赤与察合台之间的矛盾。窝阔台完美地解决了这两个问题。两军激战九天后，敌军投降，窝阔台收获了父汗的激赏，也收获了军队上下的认可。

窝阔台出生在战争中，成长于战场上，弓马射箭无一不通，兵法韬略无一不晓。所以在继承人的选择中，成吉思汗最终认定了窝阔台。

在决定让窝阔台继承汗位之后，成吉思汗就开始有意识地让他主持朝政，积累处理政事的经验。

可历史总会出现无数的巧合。成吉思汗虽然儿子很多，但在他咽下最后一口气时，大儿子术赤早已去世，察合台正在进攻金朝，而窝阔台正在管理西域，只有小儿子拖雷陪在身边。于是在写下传位给窝阔台的遗嘱后，他又留下遗言让拖雷担任监国，窝阔台未继位前所有政事由拖雷负责处理。

拖雷是成吉思汗最疼爱的小儿子，也是"黄金家族"中的军事奇才，早年随成吉思汗征战各地，立下赫赫战功。按照蒙古幼子守产的古老传统，成吉思汗将大兴安岭到阿尔泰山之间的蒙古本土，以及自己绝大部分营盘、帐幕、国库、百姓、军队等都留给了拖雷。这也为日后拖雷家族夺取蒙古大汗宝座埋下了伏笔。

因为蒙古非常"民主",一直向往汗位的窝阔台在成吉思汗去世后很久都不能正式继位。他们的律法(习惯法)规定,新任继承人要想登上汗位,必须要经忽里勒台决定,哪怕是旧可汗直接任命也必须要经过这一程序,所以窝阔台只能等待。没有大会的许可,就等于没有大蒙古国上下的承认。

成吉思汗逝世之前,确定了蒙古帝国的扩张战略,因此他身后蒙古帝国战争频繁,时任监国的拖雷实在没有找到机会召集各方代表商议此事,于是窝阔台的任命一拖再拖,最后竟一直拖了两年。终于,公元1229年,经过忽里勒台四十余天的争论,窝阔台成功继承汗位,掌管了蒙古帝国。他在任期内接手了父亲的遗志扩张领土,继续西征和南下中原,并成功地占领了中亚和华北地区。窝阔台还制定并颁布了许多新法令。成吉思汗时中央官制比较简单,随着统治区域的扩大和汗廷政务的日益繁多,在逐步接受"三权分立"等周围政权先进管理经验的基础上,窝阔台开始推行经济、政治等制度上的改革,把松散的游牧部落帝国管理起来。与成吉思汗在位时相比,窝阔台时期封建政治体制更加健全,朝廷的可信度更高。

而此时,蒙古帝国初期的贤臣耶律楚材开始展露自己的政治才能。他出身契丹贵族家庭,是辽太祖耶律阿保机的九世孙、东丹王耶律倍八世孙、金朝尚书右丞耶律履之子。耶律楚材是在他父亲花甲之年出生的，其父曾经说过："吾年六十而得此子，吾家千里驹也，他日必成伟器且当为异国用。"父亲用《春秋左氏传》中的"虽楚有材，晋实用之"的典故，给儿子起名为"楚材"。耶律楚材身材高大，满面胡须，成吉思汗称呼他为"吾图撒合里"，意为"长髯人"。公元1215年，蒙古军攻占燕京，成吉思汗得知他才华横溢、满腹经纶，遂派人向他询问治国大计。公元1226年，他又随成吉思汗征西夏，谏言禁止州郡官吏擅自征发杀戮，使贪暴之风稍敛。窝阔台即位后，耶律楚材开始受到重用，领中书省事。耶律楚材向窝阔台推荐儒家的治国思想，并跟窝阔台说，庞大的骑兵军队能够骑在马背上征服天下，但是一定不能通过那样的武力治理天下。窝阔台非常佩服耶律楚材的见解，于是在原来尚武的风气之外，逐渐开始崇尚文明和教化，这也是理所当然的事了。

窝阔台还大力整顿军队，积蓄储存军饷，饲养战马，又在全国粮食主产区建了粮食储备库，来应对各种自然灾害造成的减产。可以说是做足了一统天下的准备。

成吉思汗统一蒙古草原之后，势力范围已经和南方中原地区的金朝接壤。"卧榻之侧岂容他人鼾睡"，成吉思汗的去世使攻灭金朝的计划推迟，于是窝阔台当上大汗后就一门心思准备攻打金朝。

公元1229年，窝阔台亲率大军攻击卫州（今河南辉县，延津、新乡一带）。卫州是汴京门户，一旦卫州失守，汴京城无险可守，便岌岌可危了。到了生死存亡之际，金朝的名将完颜合达出任统帅，曾经用四百骑兵击败蒙古名将赤老温八千骑兵的完颜陈和尚出任先锋，与蒙古军在卫州大战。

公元1230年，窝阔台率军退去，卫州之围解。可就在金朝皇帝完颜守绪以为事情结束之时，蒙古军卷土重来，窝阔台亲自率领大军攻击河中府（今山西晋城以南一带），直扑洛阳；蒙古名将、窝阔台的叔叔斡陈那颜率左路军攻击济南；拖雷率右路军从凤翔南下，进入南宋借道，到达唐州、邓州，三路大军势如破竹，准备会师汴京。

公元1232年正月，窝阔台的大军攻克了郑州，这意味着金朝的门户洞开，最后一道防线就是金朝名将完颜合达的十几万大军了。

公元1231年年底，完颜守绪就想调完颜合达回军。但是完颜合达此时与移剌蒲阿正在陕西抵挡拖雷的大军，即使撤军也要小心拖雷的追击。可窝阔台的大军已经兵临汴京城下，完颜守绪命令完颜合达不计代价回援。

公元1232年正月初二，完颜合达率领二万骑兵、十三万步兵共十五万人回援，与移剌蒲阿、完颜陈和尚、恒山公武仙、临淄郡王张惠、骑兵统帅蒲察定住等人急奔汴京。

但拖雷没有给他们快速回援的机会，他率领三千铁骑敢死队，紧紧追随在金军后面。追击过程中，拖雷巧妙地使用了麻雀战，金朝军队反击的时候，蒙古军队就撤退，金朝军队撤退时，他又率军前去袭击。这弄得金朝军队惶恐不安，无法休息，一边作战，一边撤退，非常疲劳。

到了黄榆店的时候，天空下起暴雪，金朝军队不能继续进军。而蒙古军将领速不台又派出军队去阻止金朝的增援部队。因此，完颜合达和移剌蒲阿的两支军队，前后被蒙古大军隔断。而后雪后天晴，金朝军队又得到汴京危急的消息，不得不继续行军。途中遇到大树堵路，他们又耗费时间清理路障，才使道路畅通，这使得军队作战的能力大打折扣。

而等金朝军队到了三峰山时，蒙古大军已经有两支部队到了这里。他们阻断了前路，准备守株待兔。知道金朝军队已经疲惫不堪，蒙古大军故意放开了一个缺口，让他们奔逃而去。金朝军队果然中计，刚出重围，就被蒙古大军两面夹击，顿时大败，四散逃亡。

武仙一看事不对，领着三十个骑兵就逃了，张惠等将领在战斗中阵亡。完颜合达知道军队大败，大势已去，急忙邀请移剌蒲阿当面协商，准备跳下马背和敌军决一死战，可谁知道移剌蒲阿这时已经不知逃到什么地方去了。最终只剩下完颜陈和尚等将领拼死鏖战，杀出围圈，最后逃到了钧州。

这一战史称三峰山之战，金朝最后的主力军队与主要军事统帅损失殆尽，再也无力回天了。

窝阔台率领大军驻扎在郑州，听说拖雷与金朝军队相持不下，迅速派遣琨布哈和齐拉衮等率领军队前去增援。当他们率军赶到阵地时，金军已经溃退，蒙古军队就在钧州城下会合，联合发起攻击，以迅雷不及掩耳之势攻下城池。

作为统帅的完颜合达未及撤退，就被蒙古军杀死。窝阔台听说完颜合达已死，立刻下达招降的诏书："金朝所恃的不过是黄河与完颜合达。现在作为地理屏障的黄河已被我蒙古夺权，作为统兵大将的完颜合达已经被我们蒙古杀死，再也不能抵挡我们，还不投降吗？"

随着完颜合达的死去，金朝军队已经无法组织起有效的防御，连续败退。作为主将之一的完颜陈和尚主动来到蒙古军营，要求面见大汗。蒙古人以为他是来投降的，根本看不起他，便将他捆住去见拖雷。一见面，完颜陈和尚就说："我是金朝忠孝军的统帅，战败了应该战死，但是死于乱军之中，会有人说我对不起国家托付的重任。我今天愿死在蒙古军营中，也算轰轰烈烈了。"

忠孝军常年与蒙古作战，完颜陈和尚屡次击败蒙古军队，名声在外，所以拖雷敬重他。但是劝降无用，只能送他一程。他死后，蒙古人用马奶祭奠他，并掩埋了他的尸体，使其不会暴尸荒野。

移剌蒲阿已经远远地逃走了，但还是被蒙古的士兵追上抓住了。拖雷也希望他向蒙古军投诚，反反复复地劝说了他很久，移剌蒲阿却感慨地说："我是金朝的大臣，只能死在金朝的土地上！"除此之外，他不愿再多说，坦然面对死亡。虽然他在军事上水平较差，但对国家的忠诚却不输其他人。

此战以后，金朝中用的精兵强将几乎全军覆没了，汴京已经无法坚守。金朝守卫潼关的将领纳哈塔赫伸，听说完颜合达等将领战败而亡，非常惊慌，就和守卫秦蓝的将领完颜重喜等率领军队向东逃走了。守城将领李平把潼关献给了蒙古军。

蒙古大军迅速追击金朝军队到卢氏县，此时金朝军队已经丧失斗志。当时山上的道路全部堆满了积雪，军队携带的妇女又多，沿途哀号声不断。等到蒙古大军追上去的时候，还没开战，完颜重喜就首先跳下战马乞求投降。蒙古将军认为完颜重喜不战而降，是对金朝的不忠，就立即把他斩首。之后，蒙古军对整个山谷进行了搜查，搜出来的逃散人口，全部乱刀砍死。

终于，蒙古大军完全包围了汴京城。窝阔台派遣使臣劝告金朝皇帝向蒙古投降，并命令速不台放缓攻城的军事行动。速不台就对守城的将领说："你们的皇帝既然愿意和平谈判，就应该出来犒劳蒙古军队！"于是，金朝皇帝就命令户部侍郎杨居仁出城，并带上许多酒和肉食，另外还有许多黄金、布帛、地方土特产，外加五百美女，以此犒劳蒙古大军。

汴京城暂时解除围困。但是一波未平，一波又起。蒙古使臣唐庆等人前来和平谈判，暂时居住在驿馆里，结果金朝飞虎兵的头领申福二话没说，冲入驿馆就把唐庆杀死了。事件发生以后，和平谈判就无法进行了，蒙古大军又开始围攻。这次完全是金朝无理，金朝糟糕的政治和管理，最终导致了国家的灭亡。

金朝皇帝完颜守绪又飞速召集各路大军前来保卫京城。可各路大军刚到京水，没想到蒙古的军队已经预先在那里准备守株待兔。蒙古大军齐声呐喊起来，就像虎狼捕捉羊群一样，乱冲乱杀，吓得金朝军队胆战心惊、闻风丧胆，急忙撤退逃走。

就在金朝即将覆灭之时，蒙古统帅拖雷却突然病逝。

传说，窝阔台亲自率军，出师到居庸关，作为拖雷的后援。可他忽然身患急病，昏迷不省人事，于是召集巫师进行占卜和祈祷。巫师说窝阔台的急病是金朝的山川神灵，因为蒙古大军在战争中抢掠和杀死了大量的军马和人口，尸骨堆积如山而发火，要到金朝各地的山川进行祭祀和祈祷，才能解除灾害和祸患。

窝阔台命令巫师前往各地的山川进行祭祀和祈祷，但是病情反而加重了。巫师这时又说，祈祷没有效果，必须由蒙古的一位亲王代替窝阔台死亡，才能保证窝阔台的病情痊愈。窝阔台向拖雷叙述了巫师说的话。拖雷对巫师说："由我代替哥哥去死吧，你去向上天祈祷，保佑我的哥哥早日康复。"

巫师走出军帐，去向上天祈祷。过了一会儿，巫师又取了一些水进入帐篷，对着水念诵了许多咒语后，就叫拖雷喝了下去。拖雷喝了那些水，好像是喝了酒一样，觉得头晕目眩、神志模糊。之后，拖雷就走出军帐到别处住宿，当天晚上就死了。而拖雷死后，窝阔台的病不久就痊愈了。

这样的故事存在许多争议。有人说是拖雷甘愿赴死，有人说是窝阔台害怕拖雷功高震主，设计让他死亡。无论哪种说法是真的，今天都无法证明了。

拖雷死后，寡妻唆鲁禾帖尼成为拖雷家族实际上的领袖。唆鲁禾帖尼为拖雷育有四子，分别是蒙哥、忽必烈、旭烈兀、阿里不哥。在她的精心培养下，这四人日后都成为蒙古政坛上的风云人物。

拖雷死后，蒙古大军重新攻金，并推举速不台为领军主帅。汴京城内粮食已经消耗干净，朝廷不得已，便向民间大肆搜刮，但得到的粟米还不到三万斗。老百姓都已经揭不开锅，实在没有多少油水可供搜刮了。

更为严重的是汴京城中发生了大瘟疫，传染速度很快，不到一个月的时间就死亡了十万多人。国家灭亡的命运已经无法挽回，皇帝完颜守绪知道大势已去，就召集剩余的臣子到大庆殿，告诉他们京城中的粮食已经消耗完，今天他准备亲自率军抵御敌军。

完颜守绪命令右丞相萨布、平章博索等人率领军队跟随出征，留下参政讷苏肯、枢密副使萨尼雅布坚守汴京城。完颜守绪与母亲等人告别后，便痛苦地离去。

完颜守绪率军出城后，茫无目标，不知如何进军，部下的将领请求前往河朔。大军从蒲城的东面渡过黄河，突然刮起大风，后面的军队不能紧跟上来，蒙古将军辉尔古纳却追了上来，情急之下，慌忙投河自杀的军士有六千余人。而金朝元帅贺德希在与蒙古大军的战斗中被龙卷风卷到河里喂鱼了。

完颜守绪成功渡过黄河并向北逃亡，没想到蒙古将领史天泽又从真定冲杀过来。手下将领知道无法抵抗，连忙率军逃回来，报告完颜守绪，请求迅速向归德逃亡。于是，完颜守绪就和副元帅阿里哈等六七位官员，趁着漆黑的夜晚登上船，悄悄地向南方逃亡，投奔归德府。军队将士听说头儿都逃了，立即土崩瓦解，四散逃亡。

驻守归德的总帅什嘉纽勒浑迎接和拜见了完颜守绪，得到喘息的完颜守绪立即派人到汴京，迎接他的母亲和妻妾。可他哪里知道，汴京城内又发生了一件特大事件。原来，完颜守绪出逃的时候，曾命令西面的元帅崔立驻守在城外。崔立品性恶劣，素来阴险狡猾，一直暗暗地想着犯上作乱，趁这个时机另立新王。

于是，崔立闯进皇宫，对皇帝的母亲王氏说："皇帝已经远远地逃走了，汴京城中不能没有主帅，为何不推举卫王的儿子从恪当守城的皇帝？"皇帝的母亲吓得战战兢兢，回答不出，崔立就假借皇帝母亲的命令，派遣使者迎接从恪当皇帝，命梁王监理国家政事。

崔立还以金朝皇帝已经外出逃亡，需要搜寻跟随皇帝的官员的家属为由，把妇女招集到家中。凡是长得美丽、稍有姿色的妇女，崔立就逼迫她们做自己的女人。

崔立还发布命令，禁止城中嫁娶，凡是听说哪里有美女，他就立即抢劫到居室里，纵情地戏弄和奸淫，稍有不依从的人，就立即杀死。老百姓对崔立恨之入骨，只有他手下拍马屁的爪牙，说他功德崇高，没有人能与他相比。一时之间，整个宫廷黑白混淆、是非颠倒。

那些对崔立逢迎拍马的官员，正想着为崔立树碑立传，忽然接到报告说速不台率领的蒙古大军已经打到了城下。守城的各位将领询问崔立怎样防守和迎敌，他却从容自若，微笑着说："我自有打退敌人的妙计！"当天晚上，他就出了城，到速不台的军营前面和速不台签署了投降条款。

崔立回到城里以后，四处搜刮金银犒劳蒙古大军，对民众严刑拷打、百般威胁，甚至丧尽天良地把金朝皇帝的母亲王氏、妻子图克坦氏，还有梁王从恰、荆王守纯，以及各宫的嫔妃，全部送到了速不台的军营里，作为犒劳蒙古大军的物品。

之后，叛臣崔立大开城门迎接速不台进入汴京城，让其驻扎了下来。因为蒙古军队攻打汴京城的时间较长，军士伤亡较多，速不台派遣使者向窝阔台传送捷报的同时，还请求窝阔台准许他屠杀城市中的军士和民众，以平息心中的愤怒。

窝阔台正准备批准速不台屠杀城市中军士和民众的请求，幸亏耶律楚材在旁边劝阻。他说："如果没有了人，一座空城又有什么作用呢？百姓终究是无辜的，有罪责的只是金朝的皇族掌权者。"如此，才使得完颜家族以外的人，全部免于被处死。那时，汴京城里的房屋还有一百四十多万户没有遭到毁坏。

速不台进入汴京城，将整个城市检查了一遍，就出城向北而去。崔立以为此后汴京城就是自己独享了，却不曾料到速不台掠夺了全城的财物，也包括自己之前所积攒的一切。一代奸臣崔立最后只能落得如此下场。

另一边，蒙古将军塔察尔布展攻占了洛阳，活捉了金朝的中京留守官强伸。强伸被俘后，英勇不屈，最后惨遭杀害。这时，窝阔台派遣王檝到京湖，商议和南宋共同攻打金朝的事，许诺战争取得胜利后，以河南地方划归宋朝作为报答。宋朝的京湖制置使官史嵩之参与了谈判。

洛阳失守后，落魄的完颜守绪带着两三百人逃往蔡州。因为蒙古大军距蔡州很远，所以完颜守绪也逐渐松懈了下来，重新修建了宫舍并封完颜仲德为尚书右丞。也多亏了这完颜仲德，他们又在蔡州聚集了万余精兵，"兵威稍振"。

可好景不长，公元1233年九月，蒙古都元帅塔察儿开始攻打蔡州，可怜的完颜守绪抱着最后一丝希望派使者向南宋求援。

此时，南宋的赵昀登基称帝，即宋理宗。他认为现在是收复中原的大好时机，于是一边派使者应付金朝，一边积极备战。南宋使者回复金朝说："我们有个地区刚经历地震，然后又遇到了泥石流，粮食都拿去救济灾民了。"事实上，南宋将领孟珙等人正运送大米三十万石，前去蒙古，履行共同灭金的约定。塔察儿非常高兴，就与孟珙商议，决定从南北两面对金朝进行夹攻，蒙古军队负责从北面进攻，南宋军队负责从南面进攻。

可在这两面夹击的猛烈进攻下，他们还是没有将蔡州攻下来。于是他们又把军队合并起来，联合向西城发起猛攻。最终将士们英勇作战，前仆后继，终于把蔡州攻占了下来。不过，这座城里面还有内城，完颜仲德便召集精锐将士，日夜坚持顽强抵抗。

其实，完颜守绪知道，国家这时已是强弩之末，无论怎么做，根本无法挽回灭亡的命运了。

金朝皇帝完颜守绪在世的最后一年，也是窝阔台继承汗位的第六年。完颜守绪选择了继承人后，第二天就上吊自杀了。

完颜守绪自杀以后，完颜仲德对着尸体拜了几下，对将士们说："我们的皇帝已经驾崩了，我们不如全部跳进河水自杀罢，死后也追随在陛下的身边。"他说完就跳进了水里，葬身水底。参政官富珠哩和洛索以下的官员，总共有五百多人，听完这席话，便也跟下饺子一样全部跳到水中自尽殉国。

原本是皇族，同时又是领兵元帅的完颜承麟，此时正是新任金朝皇帝。听说先皇已经自杀，他就携朝廷中的文武大臣进入小朝廷，祭奠去世的皇帝。结果，痛哭流涕的祭奠仪式刚刚完毕，内城就被攻陷了。正在这时，手持武器的敌军从四面八方包围过来，刚刚才登上皇位一天的完颜承麟，最终连尸骨都无法寻到。

公元1234年，金朝灭亡。

金朝的灭亡，标志着蒙古帝国距离统一天下的目标只剩下一步之遥。而南宋也知道，蒙古一定会将目标转移到自己身上，于是积极整军备战。

大约过了半年的时间，南宋想要收复汴京城，于是便派出赵葵统领淮西兵军士五万多人和驻守庐州的将军全子才会师攻打汴京城。窝阔台对此非常愤怒，说："汴京城如今是我的地盘，宋朝军队为什么要侵犯我的领土？"于是他就想发布命令讨伐宋朝。贵族扎拉呼请求率军作战，窝阔台便让他统率上万人的军队南下去进攻宋朝。

当时，驻守汴京城的都尉是李伯渊。他一直被崔立欺凌，暗地里总是想寻找机会报复。听到宋朝的军队即将到来的消息，李伯渊便假意邀请崔立商量防御计划。结果，等崔立到后，他便立即亮出匕首，刺死了崔立。崔立带领的骑兵警卫也全部被埋伏的士兵歼灭。之后，待宋军抵达，李伯渊立即向宋军献城投降。全子才率领的宋军不费吹灰之力便进入了汴京。

不久后，宋军主帅赵葵所率的五万人部队到达汴京城与全子才实现会师。不过，赵葵求功心切，对全子才没有在占领汴京后继续向前推进感到不满，便让其留守汴京，改任他手下的徐敏子为先头部队的监军，并要求徐敏子第二天一早进军洛阳。

徐敏子率领军队到达洛阳时，城中一点军事准备也没有，宋军很快就占领了洛阳。但是军队后勤并没有跟上，整体的战略规划也没有做好，因此他们完全忽视了后续的危机。并且，此时的洛阳根本没有了北宋的繁华，只有不到三百户人口，没有任何粮食补充。在迫不得已的情况下，士兵只能采摘蒿草之类的野菜和在面粉里面，作为军粮充饥。

而此刻的蒙古人也在注视着宋军的一举一动。宋军攻占汴京城后，蒙古部队便偷偷渡过黄河，埋伏在洛阳城东的龙门地区。宋军的先头部队进入洛阳城后，粮草耗尽，陷入进退两难的境地。于是，蒙古军便趁机出其不意地发动了进攻。这场突袭让宋军损失惨重，最终只有监军徐敏子及手下几百士兵突围成功，逃回光州。

此时汴京的局势比洛阳好不到哪里去。得知宋军在洛阳惨败的消息后，身在汴京的赵葵、全子才为了不步洛阳的后尘，率宋军迅速回撤。宋朝军队在短暂地收复故都汴京后，无功而返。

公元1235年，窝阔台召集诸王大会，决定继续西征，讨平钦察、斡罗思（今译俄罗斯）等国，并要求各王派出自己的长子出征，史称"长子西征"。这是蒙古三次西征中的第二次，以术赤次子拔都为首，窝阔台长子贵由、拖雷长子蒙哥等均参与了此次西征。此次虽由拔都任统帅，但老将速不台却掌握着实际指挥权，指导各位王子的排兵布阵。

此次西征战果累累。公元1236年，灭不里阿耳；公元

1237年，灭钦察部；公元1238年，攻破莫斯科、罗斯托夫等城，合兵攻击基辅大公国；公元1239年，攻入阿速国；公元1240年，攻击乞瓦（基辅大公国），国王米海依出逃至波兰王国，结果波兰王国也被攻破。蒙古大军横扫欧洲各国，公元1243年，拔都以钦察部旧地为中心，建起了蒙古国大汗国之一的钦察汗国，也称金帐汗国。

但是丰功伟绩也让窝阔台自得自满。他到了晚年的时候，贪酒好色，每次喝酒都是通宵不止。耶律楚材屡次劝告他，还拿酒槽的铁口献给窝阔台，对他说："这样坚硬的铁口都很快会被酒所腐蚀，人身体的五脏六腑远远没有铁口坚硬，哪有不会受到损伤的道理？"耶律楚材真是用心良苦，忠言逆耳利于行，作为臣子，他极好地履行了自己的职责。

窝阔台对嗜酒的危害也有所醒悟，但是江山易改、本性难移，时间一久，酒瘾发作，故态复萌，狂食暴饮，依然没有节制。长时间的饮酒作乐，极大地影响了他的身体。窝阔台即位的第十三年二月，因为打猎归来，兴致很高，他又多饮了几杯酒，最终病发身亡。

二、汗位更迭

公元1241年，窝阔台去世。因为死亡来得促，窝阔台并没有做好接班人的挑选工作，因此临时任孛儿只斤·失烈门为蒙古大汗。也正是因为这一任命，让日后的蒙元帝国迎来了无数的纷争。

此时的失烈门年纪小，政权暂时由大皇后木哥哈敦掌控。但木哥哈敦短命而亡，很快政权又传到六皇后脱列哥那（乃马真）的手里。乃马真后既没有成吉思汗的雄才大略，也没有窝阔台汗的睿见英识，但她知道如何用自己的权力为自己牟取利益。

窝阔台生前最宠爱的是三子阔出，同时也想让他接班。可是阔出没福，在公元1236年征宋途中去世。窝阔台悲痛万分，才让阔出的长子失烈门作为他的继承人，也算是给儿子一个交代。而窝阔台与长子贵由之间关系不是很融洽。因为怕贵由拥兵自重，窝阔台就在死前下诏命贵由班师返回蒙古。可是贵由还在途中，窝阔台就已病故。而窝阔台的孙子失烈门因年幼没有能力管理国事，政权出现了真空。乃马真后袒护贵由，决定等贵由回来后让其继承汗位。但是可汗的位子人人眼红，就连成吉思汗的幼弟斡赤斤也眼馋不已。他兴师动众率兵赴都城争夺汗位，却在乃马真后的责问之下，自责地认为自己师出无名，又率兵退回了驻地。国不可一日无主，为了尽早结束这种局面，公元1246年，在蒙古贵族和诸位大臣的强烈要求下，乃马真后宣布召开忽里勒台大会，选举新一任可汗。

在乃马真后召开忽里勒台大会之前，她利用自己的身份搞起了"暗箱操作"，暗中串通部分代表提议贵由为唯一的候选人。在当时的忽里勒台代表之中，西征军统帅拔都威望最高，而他是极力反对贵由出任大汗的中坚力量。于是他接到消息后称病缺席，结果导致忽里勒台大会不能如期举行，朝政只好仍由乃马真后继续主持。

乃马真后执政期间，重用波斯女巫师法提玛，连封疆大臣所办的军国大事都要通过她来处理。乃马真后按照这个心腹的意见，撤掉了在窝阔台在位期间被委以重任的异密（大汗的亲信藩臣）和国家大臣，并任命了一批文盲、流氓等来代替他们的职位。这实际上是蒙古汗国初期一次重大的人事变动和治国方针的斗争。究其原因，是蒙古人在长年游牧的环境下，组织松散，没有自己的文字与底蕴，成吉思汗下令创制的文字与法典还不够全面，因此统治阶层并没有长远的考量，政治腐败落后。

乃马真后为了能安享太平，停止了一切对外战争，还听信法提玛的话，为了进一步让亲信回回商人奥都剌合蛮独揽大权，先是罢免了宰相镇海，又把可汗的印章和空纸交给奥都剌合蛮随意使用。虽然大臣耶律楚材坚决抵制，但没有一点效果，反落个郁郁而终。

而为了让儿子贵由成为可汗，乃马真后数次邀请拔都参加忽里勒台大会。碍于面子，公元1246年秋天，拔都只好派其弟别儿哥代他出席了忽里勒台大会。这次大会在争吵和相互妥协中进行，最后大会一致通过，推举贵由为新任大汗。但由于对贵由抱有成见，拔都拒绝承认贵由的汗位。

拔都和贵由的关系势同水火，其根源就在于他们的父辈。虽然他们的父亲是亲兄弟，但在政治层面上，窝阔台的地位要高于术赤。在察合台哥仨共同攻打玉龙杰赤时，术赤与察合台由于战术见解分歧导致蒙古大败，术赤损失惨重。虽然后来窝阔台出面解决了此事，但在回国述职时只有窝阔台和察合台受到了成吉思汗的接见。二人把战败的责任都推到了术赤的身上，可怜的术赤损兵折将还背了这么一个"大黑锅"，从此就对窝阔台和察合台心生怨恨。

而由于术赤是孛儿帖被敌人抢去之后生下的，所以弟兄们都认为他没有资格继承汗位，察合台更是骂他"杂种"。成吉思汗虽然训斥了察合台，但最后仍选择窝阔台继位，术赤认为这都是窝阔台和察合台二人结盟的结果。因此，他虽然表面上对汗位归属没有异议，但暗地里根本就不承认窝阔台的汗位。

成吉思汗的四个儿子中，窝阔台和察合台结成了联盟，那么自然术赤和拖雷的关系也就非常紧密。于是，蒙古黄金家族中就形成了拖雷系和窝阔台系两大派系。这明确了影响蒙古帝国未来动荡的暗流，造成了两派后代之间无法打破的隔阂。所以，在选举贵由做可汗的问题上，拔都坚决投了反对票。

贵由刚即位不久，乃马真后就因病去世了。贵由大权在握，就开始着手整饬朝政。首先他命蒙哥 (拖雷之子) 和斡儿答 (术赤之子) 调查斡赤斤图谋汗位之事，并处死了斡赤斤及一些官员，又下令对民愤极大的波斯女巫法提玛进行审判。当法提玛在棍棒拷打下承认罪行之后，贵由就下令将她 (身体的) 上下之口都缝住，让她再也发不出声响，再裹在一块大毡里抛至水中。对于祸乱部族和国家的奸人，蒙古人从不心慈手软。

乃马真后摄国时期，诸王、贵族失去了大汗的约束，横行不法，造成了社会治安混乱的局面和百姓的灾难。贵由即位后立即进行了整顿，这才让国家的行政部门恢复了良好的秩序。

贵由虽有宏图伟志，可惜爱虚夸。他与其父窝阔台一样，"视金钱如粪土"，热衷于大肆赏赐。他下令打开府库，以金银财宝分赏诸王、贵戚、大臣等，仅一次就花费七万锭。他如此挥霍，企图宣扬自己的名声超过其父。可是事实上，他亏空国库是比窝阔台厉害，但他的治国水平远不及他父亲和祖父。

贵由在位后期沉溺于酒色，致使身体日益虚弱，因此常常不能亲自料理政务，重大的事情只得委付亲信林臣镇海、合答裁决。所以当时出现了"法度不一，内外离心"的局面。

在早年的短暂复兴后，蒙古帝国又日益衰败下去了。

公元1248年三月，贵由途经叶密立以东（今新疆青河东南）时突然病死，终年四十三岁。贵由死后葬于起辇谷（一说葬在生前的封地叶密立），庙号定宗，追谥为简平皇帝。

关于元定宗贵由的死因有多种版本，每一种版本都毫无例外地会和拔都扯上关系。但由于没有人证和物证，贵由之死也就成了千古悬案。

贵由有三个儿子，他生前曾与诸王、贵戚约定，死后汗位由他的子孙继承。但他死后，诸王、贵戚们却在拔都的提议下，让拖雷的儿子蒙哥当了大汗。于是，汗位又掌握在了拖雷一系的手中。

蒙哥是蒙古帝国第四代大汗，他是成吉思汗小儿子拖雷的长子。"蒙哥"语意为"长生"。成功当选为大汗的蒙哥是一个沉默寡言、不好侈靡的人，是一位能干的领袖和严厉公正的管理者，他履行了前几任大汗承诺却一直没完成的职责。同时，他也是一位头脑冷静、有理智的政治家，他使《大札撒》和祖辈的律法恢复了原来的严厉性，完全恢复了成吉思汗建立起来的法律机制。同时，在任何情况下，他都没有放弃他的种族特征（他的继承者忽必烈也是如此）。他加强了行政管理机构，把蒙古帝国建设成为一个有强力行政能力的国家。

针对窝阔台以来汗廷重臣、诸王和贵族以权谋私的情况，蒙哥对官吏规定了严格的纪律。他禁止中央政府官吏勾结商人放高利贷，不准他们贪污受贿，也不允许他们直接逮捕犯人；他还不允许官吏私设公堂、鱼肉百姓，要求他们对了解到的案情及时上报朝廷，将刑法大权收归中央政府所有。

公元1252年，蒙哥命亲弟弟忽必烈南征大理国，两年之后，大理灭亡，云贵高原并入蒙古大帝国版图。

由于蒙古征战都是临时征调民间的财力物力，没有形成固定的税收体系，所以为了减少临时性的征派，蒙哥规定了年税。同时，他还根据地区的不同，制定了不同的标准便于施行；又考虑到贫富差距，对穷人与富人也采用了不同的征税标准，保证了人民的基本生活所需。

在蒙哥即位之前的空窗期，南宋逮捕和关押了蒙古使臣，这极大地激怒了蒙古人，促使蒙古军队又生出进攻南宋的念头。但那时蒙古发生内讧，意见分歧较大，无法派出大军大举进攻。因此，南宋的守将还能勉强支撑，坚持防御。

蒙哥继承汗位以后，听说被囚禁的蒙古使者月里麻思被南宋朝廷处死，他意识到机会来了。杀害使者，正是对蒙古帝国的挑衅，这激发了蒙古军队的好战之心。于是，他派遣大军向南挺进，留下年少的弟弟阿里不哥驻守和林城。

公元1257年六七月间，蒙哥前往成吉思汗的旧殿朝圣。在那里，他举行了祭奠仪式，祈求此次南征能够成功。仿佛真有神灵保佑，蒙古大军顺利地一路南下。到1258年三月，他的军队成功攻陷了四川重镇成都。

蒙哥从成都长驱直入直至阆州的地界，正准备攻打，却听到守城将领杨大渊投降的消息。杨大渊是个软骨头，没做任何抗争就把城池拱手相让了。收服了阆州以后，蒙古军队继续围攻合州。蒙古人以汉制汉，先派遣宋朝投降的将领晋国宝对守城将领王坚进行了劝降，可王坚是块硬骨头，很有骨气，拒不投降。

公元1259年三月，在占领成都一年后，蒙哥召集高级军事将领举行宴会，讨论接下来的军事策略。他力排众议，表示要坚决推进他的计划，不惜一切代价占领合州。但他的努力注定要以失败告终。从三月下旬到五月初，合州久攻不下，蒙古军的攻势大大受阻。

蒙古的先锋将军汪德臣在军队中挑选出精干的军士组成了一支敢死队。他们准备好齐全的攻城武器后，在秋天一个漆黑的夜晚发起了猛攻。王坚大敌当前却镇定自若，率领军队顽强抵抗。两支军队奋勇激战了一个通宵，第二天天明的时候，城墙上下尸积如山，流血成河，惨不忍睹。

合州之战，双方的伤亡都很惨重。但是蒙哥并没有灰心，坚持继续进攻，而王坚的军队依旧岿然不动。汪德臣继续指挥大军攻城，并且一再劝王坚投降。守城士兵投石来阻挡攻击，一块巨石正中汪德臣，他当夜便不治身亡。

这时候已经是盛夏了，大雨不断、天气湿热，军中疫病流行，士兵大多病死了。蒙哥因城池久攻不下，又遇到手下的良将死亡，愤怒中更感无限的悲伤。可没想到，由于过度悲伤，一向体质强健的他也不幸染疾。之后他虽前往钓鱼山安心养病，却由于病势过重，不治身亡。"出师未捷身先死，七月死于钓鱼山。"蒙古军只好用两头驴子，装载着他的尸体，悄悄向北撤退而回。

蒙哥的去世为蒙古帝国带来了噩运。

作为蒙哥的六弟，以及蒙哥的坚定支持者，旭烈兀在叙利亚和埃及的战场上听到了蒙哥的死讯后，便将前线军事委托给大将怯的不花，自己返回了蒙古。

旭烈兀十八岁就随堂兄拔都出征，和蒙哥、贵由都是战友，共同为蒙古的第二次西征立下了汗马功劳。蒙哥回到中原之后，旭烈兀在中亚地区建立了伊尔汗国（又称伊利汗国），是蒙古四大汗国之一，成为欧洲和亚洲的中间国家，为东西方文化交流做出了贡献。

听闻蒙哥死讯，旭烈兀放下战事东归，结果埃及统帅借机集合主力在大马士革以南的阿音扎鲁德与蒙古军队决战。蒙军先胜后败，主将怯的不花被杀，几乎全军覆没。这一战影响了伊尔汗国的西扩攻势，也让蒙古帝国攻击欧洲的进程中断了。

蒙哥当大汗九年，他性格内向，为人沉着冷静、寡言少语，也不贪图享乐，对宫廷的管理非常严格。他当政期间，表现优异，是继成吉思汗之后最杰出的蒙古大汗。

而且，蒙哥每次发布命令前，都必须亲自起草，经过多次修改。因此，他当政期间，手下的官员无法擅自滥用职权。总之，蒙哥一生有功有过，但是在蒙古历代的君主中仍是政绩较高者。其死后被追谥桓肃皇帝，庙号宪宗。

第三章

祖孙两代
——建立元朝定叛乱

公元1260年，忽必烈继位为蒙古大汗。

公元1263年，忽必烈沿宋金旧制，设枢密院，负责全国军务。

公元1264年，忽必烈建年号"至元"。

公元1270年，忽必烈设立司农司，专掌农桑水利。

公元1271年，忽必烈定国号为元。

公元1272年，元年攻克樊城，正式开始灭宋。

公元1274年，征伐日本。

公元1276年，宋幼帝赵显降元。

公元1278年，土土哈逾金山，击败与叛军联结的外剌、宽彻二部，缴获大量羊马辎重。

公元1279年，脱黑帖木儿领兵南下，袭击杭海岭东。

公元1279年，忽必烈灭宋，一统南北。

公元1281年，叛军内乱。

公元1282年，海都得知元军已平定昔里吉之乱。

公元1285年，真金太子英年早逝。

公元1285年，哈剌哈孙担任大宗正，成为元成宗时期的重臣。

公元1285年，都哇率兵十二万围火州。

公元1287年，斡惕赤斤的后裔乃颜首先发动叛乱。

公元1289年，晋王甘麻剌、大将土土哈与海都军战于杭海岭。

公元1292年，海都指使明理帖木儿犯边，伯颜奉命往讨。

公元1294年，忽必烈去世。

公元1294年五月，铁穆尔拜玉昔帖木儿为太师。

公元1294年八月，因国库空虚，元成宗下令造纸币，引起货币贬值。

公元1296年，海都、都哇内部分裂。

公元1301年，海都率窝阔台、察合台系后王四十余人大举东犯。

公元1302年六月，元朝"建文宣王庙于京师"。

公元1303年，叛王都哇、察八儿、明理帖木儿等讲和。

公元1304年，海山被封为怀宁王。

公元1305年六月，成宗仿汉制，立德寿为皇太子。

公元1305年十月，成宗病重，因皇后弘吉剌氏已经去世，新立皇后伯牙吾氏卜鲁罕秉政。

公元1305年十二月，皇太子德寿薨。

公元1306年，都哇与察八儿发生内讧。

公元1307年正月，元成宗病危。

公元1307年九月，元成宗颁发诏书，立尚书省，分理财用。

公元1307年正月，元成宗崩于玉德殿。

一、争夺汗位

蒙哥去世之前，并没有指定接班人。按照蒙古的惯例，此时他的几个弟弟和儿子都有权入主大位。而此时最有威望的正是在外征战的忽必烈。

忽必烈是成吉思汗铁木真之孙，拖雷第四子，蒙哥之弟。他征战沙场已久，深谙用兵之道，常年领兵在外，在蒙古各部落都素有威望。正因为此，在蒙哥心里，忽必烈就是他的左膀右臂，所以常常对他委以重任。从公元1252年开始，蒙哥就命令忽必烈南征。

就在忽必烈渡过淮河飞速南下的时候，蒙哥逝世的消息传来，忽必烈因此陷入两难。前方是宋兵驻守的大胜关，后方是大汗去世而暗流涌动的和林。尤其是，和林此时是有实力和他争夺大汗之位的亲弟弟阿里不哥镇守。

有人建议忽必烈回师和林夺取汗位，忽必烈则认为不能草率收兵。他认为在战争大局面前，阿里不哥不会向自己发难，而且遥远的西方伊利汗国君主旭烈兀也传来消息，作为忽必烈的亲弟弟，他支持忽必烈继承汗位。忽必烈选择相信兄弟，决定先击垮宋军。于是在后方不稳的情况下，忽必烈仍率主力攻克了大胜关，试图逼迫宋朝求和。

得知忽必烈没有立刻回军，镇守在和林的阿里不哥心知此时是大好时机，便抓紧时间进一步加紧了夺权活动。他一面派出数路使者，通知诸王大臣会商和林，并举行忽里勒台选汗大会；一面派亲信脱里赤等到燕京一带拉壮丁、征军粮，聚拢所谓"民兵"，壮大军队的数量，企图将忽必烈的领地控制在自己手里。

得到消息的谋士郝经等再次建议忽必烈及时班师，说："该进则进，该退则退，凡事应该以祖宗为念，以社稷为念，以天下苍生为念。"他迅速为忽必烈制订了周密的撤军计划。忽必烈采纳了郝经的建议，准备撤军北归。但为了迷惑敌人，他们便采用《孙子兵法》中声东击西的战术，声称要发兵直趋南宋都城。当时的南宋宰相贾似道十分害怕，立即派使者宋京求和。迫于压力的使者宋京答应将长江以北划归蒙古，向蒙古称臣，每年纳贡二十万银绢。

结束战事的忽必烈立即把东路军兵权交给自己的得力大将霸都鲁、兀良合台，令其率军撤回江北，自己则轻装简从，带着刘秉忠、姚枢、郝经、廉希宪、阿合马、董文忠等兄弟和谋臣日夜兼程，奔回北方。在北归途中，他进一步了解到阿里不哥企图夺权的事实，立即遣急使到鄂州，命令霸都鲁、兀良合台撤围北归。

而忽必烈刚刚回到自己领地，就接到了阿里不哥召开选汗大会的通知，要求他前往和林。和林是阿里不哥的地盘，忽必烈自然不会前往。他以自己的绝对威望，在黄河以北集结了大量的亲王和将士，并且迅速解散了阿里不哥的"民兵"。"民兵"的组建本就带有压迫性，忽必烈此举收获了大量民心，他因此得以从容返回开平。

此时，支持忽必烈的耶律铸和木哥亲王由于受到阿里不哥的打压，也很快逃离和林，赶往开平，准备投奔忽必烈，帮助他争夺汗位。

这一系列事情都可以看出忽必烈的能力和人格魅力，多年的军事生涯让其有着敏锐的战争洞察力和决策力。阿里不哥原本指望征集的"民兵"可以阻挠忽必烈北归，却没想到忽必烈兵不血刃便解决了此事。

公元1260年三月，忽必烈抵达开平。开平经过他多年经营，根基牢固，他便召集塔察儿等宗王大将，说明在开平举行选汗大会。诸王贵族共召开了二十四天的会议，大家一致推举忽必烈为蒙古汗国大汗，并举办了隆重的继位仪式。

忽必烈在漠南抢先继位，完全打乱了阿里不哥的计划。阿里不哥只得匆匆于公元1260年夏季，在驻夏之地阿勒泰山中，召集留守漠北份地的诸王宗戚，公开表明不承认忽必烈的大汗地位，并在和林举行忽里勒台选汗大会，推举自己为蒙古大汗。出席大会的有察合台子哈剌旭烈的寡妻兀鲁忽乃妃子、察合台孙阿鲁忽、窝阔台孙尔赤（合丹子）和海都（合失子）、术赤孙忽里迷失和合剌察儿、蒙哥子阿速台和玉龙答失、塔察儿子乃马台、别勒古台之子等。

庞大的蒙古帝国，此刻出现了两位大汗，这是成吉思汗创业以来不曾有过的局面。双方均不肯退让，战争一触即发。

公元1260年秋，阿里不哥兵分两路，大举南下。东路军由旭烈兀的儿子药木忽儿、术赤的孙子合剌察儿统率，自和林南下。西路军由阿兰答儿统领，直指六盘山，意在接应从四川前线退居该地的蒙哥攻宋主力。这支军队在蒙哥死后曾归阿速台控制，阿速台投奔漠北后，一直控制在阿里不哥的大将浑都海和哈剌不华手里。除此之外，阿里不哥的左路军以宗王为帅，直接威胁北方的政治经济中心燕京（今天的北京），因此忽必烈亲自领军迎击，并以移相哥、纳邻合丹（当为合赤温孙）为前部。移相哥军击溃药木忽儿和合剌察儿，阿里不哥腹背受敌，自然无法继续立足和林，于是匆匆退到了由他继承的拖雷封地吉里吉思（今俄罗斯鄂毕河流域，是成吉思汗赏赐给拖雷的封地）。忽必烈沿着帖里干道，顺利进至和林，其时约在当年初冬。当时和林城的残破或许相当严重，所以到达不久，忽必烈便南至汪吉河（今翁金河）冬营地，以为短期休整。阿里不哥生恐忽必烈乘胜追击，乃遣使假意求和，并称待马力稍复，再赴阙谢罪。

忽必烈心知此时南北均有战事，虽然宋朝之前被自己打败，但是实力犹存，并且西南地区还有阿里不哥的亲信统军，一旦南北夹击，那么后果将不堪设想。于是他将移相哥留在漠北监视阿里不哥的动向，自己则冒着严寒风雪赶回南方。

南指六盘山的西路军虽为偏师，但它牵动川蜀关陕，使那里本已化险为夷的形势又紧张起来。受命宣抚京兆、四川的廉希宪是忽必烈的亲信，早年间就随忽必烈学习儒学，有很深的学问，十九岁就被冠以"廉孟子"的雅号。他赶到四川时就知道这里都是阿里不哥的亲信，因此早就做好准备。

蒙哥去世的消息刚传到四川，屯兵观望于六盘山的浑都海就企图联络阿里不哥遣往关中的刘太平、霍鲁怀及川蜀军中亲阿里不哥的将领发难。廉希宪当机立断，捕杀了刘太平、霍鲁怀，以处于弱势的秦巩世侯汪家的军队阻挡浑都海，"但张声势，使不得东"。浑都海果然中计，没有继续攻击实力薄弱的廉希宪，而是折返北方，希望能够给在和林的阿里不哥以支持。因此四川一带渐渐安全。

可是，北归途中的浑都海和阿兰答儿会师之后，这支军队重又折返东向，并派人约结陇蜀诸将。他们声威大震，再次形成威胁。于是，忽必烈增派的诸王合丹（窝阔台子）、哈必赤（合撒儿子）等率师与汪惟良、八春等将领，合兵一处攻打浑都海和阿兰答儿，并成功将两人斩杀，彻底清除了阿里不哥留在忽必烈身后的一根刺。

　　阿里不哥得不到援助，只能苦苦支撑。1264年的春天，他的驻地发生饥荒，其部下将士纷纷投奔驻在阿尔泰地区扎布汗河上的玉龙答失。玉龙答失是蒙哥的三子，忽必烈的亲侄子。此时眼见阿里不哥兵败，他便和下属共商归降忽必烈。阿里不哥众叛亲离，失去了最后的依仗，终于向忽必烈投降。历时四年之久的蒙古二汗之争，终于以忽必烈的胜利而宣告结束。

　　忽必烈青年时就受汉文化影响较多，即位后又多倚靠汉人地主的支持，所以他的统治日益带有汉化色彩。忽必烈即位后，采纳刘秉忠等幕僚的建策，依据汉人封建王朝的传统，颁布即位诏，称皇帝。自成吉思汗建立，蒙古国从未建过年号。忽必烈始建元"中统"，下诏表明他是中原封建王朝的继承人。在击败阿里不哥后，忽必烈建都燕京（今北京），用儒家五经之一《周易》中的"大哉乾元"为国号，称"大元"，并同时改年号为至元元年。此后，横跨欧亚的蒙古帝国终于改为"大元帝国"，史称"元朝"。忽必烈成为元朝第一任皇帝，庙号"世祖"。

二、世祖伟业

了解了"二汗争位"的历史事件，我们再来看看元世祖忽必烈的戎马生涯和政治功绩。

孛儿只斤·忽必烈生于元太祖十年八月二十八日（1215年9月23日），是铁木真之孙，拖雷的第四子。公元1224年，成吉思汗从西域撤军，到了阿拉马克委（今额尔齐斯河畔），忽必烈和旭烈兀来迎接。九岁的忽必烈为成吉思汗打猎射杀了一只兔子，得到了成吉思汗的赞赏。

忽必烈还在潜邸时，就已结识中原文士，熟悉了中原汉地的情况。他的王府中，一大批以汉族为主的知识分子在此聚集，成为忽必烈的幕僚。得到这批人的助力，忽必烈的实力大大增长。

公元1242年，忽必烈将海云大师召至漠北王府，海云大师和子聪和尚一起拜见了忽必烈。忽必烈向海云询问佛法大要，海云认为：善于总结历史经验，尊贤使能，才是佛法之要。忽必烈还发现子聪和尚也是难得的人才，便希望他协助自己干一番事业。海云答应了忽必烈的要求，子聪被任命为王府掌书记。子聪（后赐名刘秉忠）是一个于书无所不读，凡物皆有可观的人，由于他博学多能、善于出谋划策，深受忽必烈重视。南宋淳祐十年（1250），他向

97

忽必烈上万言策，提出：治乱之道，系乎天而由乎人，以马上取天下，不可以马上治。他主张改革当时的弊政，减赋税差役，劝农桑，兴学校等。

此外，北方名士赵璧、王鹗等人也相继来到忽必烈身边，向他宣传孔孟之道。在子聪和赵璧等人的影响下，忽必烈了解到"修身、齐家、治国、平天下"乃儒家士子的生平志向，要想平治天下，就离不开有真才实学的大儒。忽必烈选择了十名蒙古子弟跟随赵璧学习儒家经典，并亲自检查他们的功课。

而早在窝阔台大汗时期就已投靠蒙古贵族的汉族名杰窦默和姚枢等也先后被忽必烈重用。窦默为忽必烈讲解三纲五常、正心诚意之说；姚枢为忽必烈讲解儒家治国平天下之道。在这样的熏陶下，忽必烈的学问和能力都得到了长足的进步。

公元1251年七月，忽必烈长兄蒙哥即位大汗。因为忽必烈在蒙哥的同母兄弟中最年长，也最贤德，因此蒙哥即位后不久即任命忽必烈总领漠南汉地事务。

忽必烈在这段时间内任用了大批汉族幕僚和儒士，并提出了"行汉法"的主张。儒士元好问和张德辉还请求忽必烈接受"儒教大宗师"的称号，忽必烈开心接受。他鼓励人们学习儒学的道德品质和学问，因此赢得了民心。

公元1252年，宋军攻打河南边地。为了防止生变，忽必烈请准蒙哥在河南设经略司，负责河南地区的军政大事。于是，蒙哥任命史天泽、杨惟中、赵璧为经略使。

公元1252年七月，蒙哥效法"假道南宋，包抄开封灭金"的战略，决定远征大理，对南宋实行战略包围。他将这一任务交给了忽必烈。为做准备，忽必烈派人到凉州召请吐蕃大喇嘛八思巴到六盘山军营会见，并要求八思巴以吐蕃代表的身份到吐蕃地区摊派兵差、征集财物。八思巴强调吐蕃地区百姓生活贫困，拒绝执行。

于是，忽必烈的妃子察必亲自出面斡旋，选择了二十四个能诚心信佛、遵守教规的人接受了喜金刚法戒，皈依了佛门，并说服忽必烈接受了八思巴为他俩举行的密宗喜金刚灌顶仪式，尊八思巴为上师。八思巴这才同意协助忽必烈通过吐蕃地区。他一边派人做向导，一边写信给吐蕃各地的领主大德，希望他们为忽必烈南征大理做贡献。

公元1252年，忽必烈率兵出征云南。他率领的中路大军来到金沙江边，不畏江水汹涌湍急，乘革囊渡过金沙江。革囊就是羊皮筏子，好像今天的橡皮船一样，它可以载人运物，穿越急流险滩。十余万大军一齐向大理城逼近，大理专权的高泰祥、高泰禾兄弟便挟持大理皇帝段兴智弃城逃走。于是，百姓献出城门，蒙古大军进入大理城。忽必烈命诸王守卫大理，自己则亲自率军出龙尾关（下关）进抵赵睑，同时命诸将追击高泰祥。最终，高泰祥被擒斩于姚州。兀良合台父子率军追击段兴智，段兴智投降后，大理全境平定。随后，忽必烈又统一了云南诸部，在云南建立了行省，并以云南为根据地进攻周边地区。

有感于忽必烈的功绩，很多大臣纷纷建议忽必烈建造一座新城。忽必烈采纳了他们的建议，命令子聪师徒负责勘察地形，参照各国都城的样子，修建一座新城。子聪和尚与贾居贞认为桓州之东、滦水北岸的龙岗是一块风水宝地，宜于建城。忽必烈就任命贾居贞为工部提领，具体负责建城工作。而这座城就是后世大名鼎鼎的"金莲川幕府"，是忽必烈个人的"霸府"，收集了大量的人才和军队，成为忽必烈手中最强的王牌。

即位后，忽必烈根据汉族谋臣的建议，采用了唐宋以来中央集权的政治制度，并在原来的基础上进行了"升级改造"。元朝的中央机构有中书省、枢密院、御史台、宣政院等。中书省总理全国行政事务，由太子任中书令，下设右左丞相、平章政事等，下辖吏、户、礼、兵、刑、工六部。枢密院负责全国军务，它的设置标志着元朝军事制度的逐步完善。御史台负责监察百官，是忽必烈为了纠正"任职者多非其材，政事废弛"的现状，根据汉人张雄飞、西夏儒生高智耀的建议，仿效前代所设立的。

至元七年（1270），司农司正式设立，专掌农桑水利。忽必烈不仅在中央和各地设立了专门负责农业生产的机构，而且专门派出了督促农业生产的官员，责成各级官吏、各有关部门，甚至包括提刑按察司都要过问农业，并把农业生产的好坏作为官吏升降的主要标准。

民以食为天，食以粮为本。土地是农业生产的主要生产资料和劳动对象，农民是封建社会的主要劳动力。在生产力水平很低的封建社会里，劳动人手增加了，耕地面积扩大了，农业生产就会发展，国家的财政就有了可靠保证。

忽必烈多次下达涉农诏书，这种重农政策对元初农业生产的恢复和发展起到了一定的促进作用。元政府出面组织编写和印刷农书，出版了三本有名的农书，即《农桑辑要》《农书》《农桑衣食撮要》，这在我国历史上是很少见的。

为了达到"田野辟""户口增"的目的，忽必烈还颁布了一系列命令，禁止蒙古军队的掠夺、屠杀及其他破坏农业生产的行为。至元八年（1271），忽必烈又颁布了《户口条画》，在全国进行了一次户口大清查，将诸王贵族、权豪世家非法占为"驱口"的百姓追查出来，由地方给他们上户口，编籍为民。

忽必烈在推行各项惠农政策的同时，还对各地灾民实施救济，施行了奖励生育的措施，促进人口的增长。

所谓"无农不稳，无商不发"，元朝既重农又重商。为了发展商业，忽必烈下令重新疏通大运河，使原来水陆并用的大运河成为真正的运河。他还用三十年的时间开辟了海运，开辟了从刘家港（今上海）至直沽北运河与南运河交汇处的近海航行。陆路交通在元朝也得以大力开拓，忽必烈设驿道、驿站，大量的驿道和驿站被称"星罗棋布，脉络相通"。

忽必烈信任商人，直接派人经营多种官营商业，实行政府专卖，垄断专利。元朝政府还允许各族商人出任中央政府的高官和各级政府的官吏。

同时，忽必烈还充分利用原蒙古西征的有利条件，发展了同中东、欧洲的商业交往，允许并鼓励各国商人在国内经商或经营国际贸易。由此，元朝的商业经济逐渐繁荣。

重视商业的发展，无非是为了解决"民生"与"国用"的问题，从而满足统治阶级的需要，解决国家的财政问题。面对接连不断的战争以及迫切需要恢复的各项事业，财政问题成为新政权能否存在下去的关键。庞大的财政开支只靠农业税收难以维持，因此，发展商业、信用商人成为忽必烈解决财政问题的重要手段。

正是在重视商业的情况下，出身汉族的财政官员王文统、出身花剌子模的阿合马、吐蕃人桑哥，以及汉族商人卢世荣等，才先后从一个生意人，变成"国家公务员"，并依靠自己殷实的财力爬上了高位。在忽必烈掌权的三十五年中，有近三十年都是利用这些人解决了国家的财政困难。

元世祖忽必烈不但是杰出的帝王，建立了中国历史上最大的版图，而且他更能慧眼识才、唯才是用。比如，他把十八岁的安童任命为丞相就是他不重资历、大胆提拔人才的一个例证。安童是元初"开国四杰"之首木华黎的孙子，有着远超同龄人的成熟和稳重。他不愿倚仗祖辈功劳的荫庇，而是树立大志、勤奋学习。

相传，忽必烈与阿里不哥争汗位得胜后，拘捕了阿里不哥的党羽千余人，忽必烈问安童："我想杀了他们，你看怎么样？"安童说："人各为其主，他们跟随阿里不哥也是身不由己，这由不得他们选择。大汗现在刚刚登上帝位，要是因为泄私愤而杀了这些人，那又怎么能让天下人诚心归附呢？"

又过了两年，品学兼优的小伙子安童十八岁了。元世祖看他处世练达、办事果断、为人稳重、足智多谋，就把他提拔为中书右丞相。安童一生都身居要职，直到四十九岁因病去世，共为元世祖效力三十一年，为元初国家的稳定和繁荣做出了巨大的贡献。用一个十八岁的年轻人为丞相，这在大一统的王朝中是绝无仅有的。

忽必烈还重视儒学，希望由儒学培养一批"治国安邦、经国安民"的人才，并由他们任各级宣传官员，宣传遵守"三纲五常"的道理，借以巩固自己的统治。但在整个元代，儒学并未提高到独尊的地位，在元朝所列的十个人的等级中，"儒"是第九等级，还不如农民，因此朝廷大臣中也很少有人留意儒学，学校教育发展是十分缓慢的。

至元二十四年（1287），元朝在中央设立了蒙古国子学，学习的内容是用蒙古文翻译的《通鉴节要》等，其至学员学有成就，出题试问，再依学员的精通程度，授予官职。至元二十六年（1289），元朝设立了回回国子学，学习的内容是波斯文，主要任务是培养波斯文翻译员，这是我国历史上最早的外国语学校。

另外，自忽必烈即位大汗，他便又开始着手进攻南宋。

早在公元1258年，忽必烈就曾根据蒙哥旨意，南下攻宋。那次他渡淮河、入南宋，随后一路向南，最终围困鄂州。

此时南宋的皇帝是宋理宗赵昀，已经五十三岁了，他早已失去早年间联蒙灭金的锐气。和蒙古帝国持续交战的三十年，让他失去了信心，将军国大事全权托付给了奸臣贾似道。贾似道没有应对蒙古大军的方略，只能寄希望于拖延。

贾似道率领军队在路途中大搞"拖延战术"，各位将领也自由散漫，不遵守军队的纪律和约束。直至鄂州的守城将领张胜战败身亡的消息传来，他听闻城中死伤惨重，多达一万三千余人，这才感到非常恐惧，秘密派遣心腹王哀到蒙古军营，拜见忽必烈，请求向蒙古称臣，每年交纳钱币。

对于宋朝求和的要求，忽必烈刚开始非常强硬，没有答应。但是此时阿里不哥在和林准备继承汗位，加上谋士郝经一番谋划，他最终决定撤军。他要求南宋向蒙古献出长江以北的地区，另外每年向蒙古交纳白银和绢各二十万。协议达成，他便撤退军队凯旋班师，返回了北方。

贾似道看见蒙古军队向北撤退，便发起反攻。他命令部下夏贵等人追杀蒙古军队后卫军士，并向皇帝谎报军情说，宋朝各路大军都取得了胜利，还把获得的蒙古俘虏献给朝廷。头脑糊涂的宋理宗竟然相信了他骗人的鬼话，赞赏贾似道新立战功，召唤他返回朝廷，封赏他为卫国公，加官晋级。

南宋在贾似道一伙的把持下，越发走向腐败和衰落。公元1261年六月，泸州骁将刘整率军民三十万投降忽必烈，并向忽必烈提出进军襄阳，从中间突破，攻占临安的灭宋方案。忽必烈接受了这一方案，于公元1267年下令伐宋，并任命刘整为都元帅，与大将兀良合台围困襄樊。阿合马以七万水军，配合史天泽攻陷樊城，合围襄阳。时至公元1273年，宋军守将吕文焕开城投降。

宋理宗于公元1264年去世，其侄儿宋度宗赵禥继位，此后年年与蒙古交战。襄阳丢失之后的第二年，荒淫无道的宋度宗也去世了，贾似道又立其幼子赵显为小皇帝。而后，公元1275年二月，丁家洲之战，贾似道率领的十三万宋军被伯颜歼灭，朝野震动，于是他被削职为民，后被押送的军官所杀。一代奸臣，终于亡于民愤。太皇太后下哀痛诏，动员各路军民勤王。江西的文天祥散尽家财召集了五万义勇之士，从陆安开拔。公元1275年五至七月，宋蒙的焦山之战，南宋大将张世杰的十万水军主力几乎全军覆没，南宋元气大伤。

公元1276年，忽必烈令伯颜向宋朝下战书，三路大军很快进至临安城下。见此，南宋丞相陈宜中等立刻逃离临安，不知去向。于是，文天祥被太皇太后任命为丞相兼枢密使，出使元军大营议和。但文天祥与伯颜针锋相对、激烈争论，伯颜一怒之下便扣押了文天祥。南宋太皇太后等不敢继续抵抗，就将传国玉玺与降表送至元营。而文天祥于押解北上中途逃跑。

公元1279年，南宋的最后一支军队在崖山被歼，丞相陆秀夫抱着小皇帝跳海自杀，文天祥被俘，被押解回大都。忽必烈亲自出马，劝说文天祥出任元朝的宰相或枢密使，但文天祥誓死不投降元朝，后被处死。至此，南宋灭国，再无军事力量可以抗衡元朝，元朝正式进入大一统帝国的时代。

三、征日失败

元朝实现大一统的同时，也标志着忽必烈新征程的开始。当时，元朝与亚洲其他国家及欧洲的经济文化交流十分密切。欧洲传教士、商人大批东来，中国人也有到达欧洲的。如至元十五年（1278），生长于大都的景教徒拉班·扫马前往耶路撒冷朝圣，还前往法兰西，受到国王菲利浦四世的接见，并参观了巴黎大学，会见了英国国王爱德华一世。欧洲最著名的旅行家马可·波罗正是在这时来到中国，在中国整整生活了十七年，并曾出任扬州的地方长官，任职三年。他把中国的文明介绍给欧洲人，从而开阔了中世纪欧洲人的眼界，引起了欧洲人前往中国的强烈兴趣。

这个时候的中国应该是继唐后最开放的时期，西方天文、数学、历史、地理、医学都在这个时代传入中国，如欧几里得几何学等。忽必烈甚至让阿拉伯建筑师黑迭儿参加了元大都皇城和宫殿的设计及建设。中国使节也到达了法国、意大利等欧洲国家，商船还曾到达非洲。

但对外交往中也有"例外"。那时，元朝的版图横跨欧亚两大洲，周边国家包括朝鲜在内，都摄于元朝的威武而纷纷朝拜。然而隔海相望的日本一直没有向忽必烈朝拜，于是他决定派兵攻打日本。

其实，忽必烈在征讨日本之前，也做到了"先礼后兵"。至元三年（1266），他遣兵部侍郎郎赫德、礼部侍郎殷弘出使日本，明确表示要日本向高丽等国学习，速来朝拜进贡，否则将出兵攻打。

按照忽必烈的想象，日本只要收到大元帝国的国书，肯定会来进贡求封。然而他没想到的是，由于消息闭塞，日本国内竟很少有人知道蒙古，这份"恐吓"国书他们根本没当回事，直到好几个月之后才正式回复。

忽必烈还没有碰到过这样的国家，于是决定用军事力量敲开日本大门。他向高丽王下达军事动员令，并命高丽建造了载重量三四千石的战船一千艘。至元五年（1268），忽必烈再次命郎赫德经高丽出使日本，结果遭到日本拒绝入境的羞辱。

二次出使日本的郎赫德虽然没能进入日本国土，却俘虏了两名日本人。忽必烈为了不战而屈日本之兵，对两位日本人好吃好喝地招待，并让他们参观都城和军事演习，想借他们之口向日本宣传蒙古的强大。几个月后，他安排两位日本人回国递交国书，这次非正式的特殊国书给天皇政府提供了"灵活回复"的条件。

忽必烈费尽心机想让日本不战而降，谁知在一系列运作之后，日本却以从来没有听说过世界上有蒙古国为借口，拒绝通好，而对于忽必烈的威吓，日本人也以"非可以知竟，非可以力争"做出得体的回应。天皇政府的回信言辞不卑不亢，让忽必烈哭笑不得，他决定再派使者去日本一次。

至元七年（1270）十二月，忽必烈第三次派人出使日本，这次的使者是女真人赵良弼。忽必烈为赵良弼准备了三千人的军队作为武力后盾，但赵良弼认为没有必要，仅带了二十四人赴日。

至元八年（1271），忽必烈正式改国号为大元。为了显示武力强盛，他在举国同庆的同时，派忽麻林、王国昌、洪茶丘等人率领一部分蒙古军队进驻高丽国，并在靠近日本海域的地方驻扎海军，为赵良弼在日本出使助威。

日本的大宰府通过情报系统得知大元帝国在高丽国境内驻扎军队及元朝信使赵良弼来日的消息后，立即上报幕府与天皇。这次日本人坐不住了，日本国内舆论一片哗然，各部军队也积极做好战争准备。

赵良弼出使日本，遭到了很不友好的对待。在他的强烈要求之下，日本大宰府少贰藤原经资率军会见了赵良弼。藤原经资的身份不过是一个守备区司令员之类的小角色，赵良弼感觉很没有面子，于是见面后直接斥责了日本国的无礼。

在元朝时期，很少有外国使团进入日本，因此日本人根本不懂什么"外交礼仪"。藤原经资和赵良弼会谈时，竟要观看呈交日本天皇的国书，结果遭到赵良弼的严词拒绝，并威胁说日本如不让天皇出面，一切后果由日本单方面承担，这才让国书顺利递到日本统治者手中。

忽必烈拟定的第三份"告日本天皇书"，口气较前两次稍微委婉，并巧妙地将日本不友好的外交责任推给边吏，给日本朝廷留下足够的面子和回旋余地。遗憾的是，日本人非常善于"联想"，考虑到国书中的战争恐吓和在高丽境内驻扎的元朝大军，他们坚决认为大元是侵略者而非自述的携带橄榄枝的和平主义者。

其实日本国内所说的不了解大元帝国都是借口而已，自唐朝以来，中日之间交往不断，僧侣之间的交往更是频繁，很多南宋僧侣为了逃避战乱都渡海到了日本。这些人通过自己的影响力，让日本当时的统治阶级对蒙古人抱有很深的成见，所以日本统治者根本没有考虑元朝提出的通好提议。

赵良弼本来认为有强大的朝廷为依靠，出使日本是个风光的差事，结果却被日本人限期离境。他回到高丽向忽必烈写信述职，不甘心的忽必烈于至元十年（1273）三月再次派他出使日本，结果这次根本没有日本人搭理赵良弼，中日友好谈判以失败而告终。

同年四月，忽必烈借平叛高丽暴乱为由，出兵高丽，并控制了日本与南宋间的海上交通要道，为攻取日本做好了战前准备。在得到高丽的战船已经全部建造完毕的报告后，忽必烈感到战争的时机已经成熟，于是命蒙、汉、高丽三族军队组成多民族联军，正式东征日本。

据现代军事专家评估，经过成吉思汗的严格训练，当时的蒙古军队组织极为严密，战斗力强盛，而且元朝还拥有领先世界水平的秘密武器——火器，绝对是世界头号军事强国。反观日本，他们的军队以武士为主，组织松散，而基层的士兵由贫民构成，指挥不便，战略战术也基本没有，因此这是一场实力悬殊的战争。

元丽联军乘坐战船于十月初五抵达对马岛，轻松拿下后又于十月十四日登陆壹岐岛，十月十六、十七日袭击肥前沿岸的松浦半岛。

从当时日本的战争预警机制就可以看出日本人当时的军事素质不是一般的差，等联军进攻对马岛的消息传到京都，已经是半个月以后的事了，此时对马岛早已经被联军占领。不过出于种种考虑，联军并没有在肥前登陆向纵深发展，而是把战略方向转移到博多湾，准备进攻大宰府。

联军按照战前规划，在博多湾西部的百道原滨海地区登陆。令人啼笑皆非的是，面对所向披靡的联军，日军只派遣了将领藤原经资率领的五百名骑兵迎战，而且战术应用也很呆板，没有趁联军登陆发起截击，而是等联军登陆之后整顿好队形才开始投入战斗。联军很快打败日军，推进至鹿原。

另一部分阻击联军的日军更是可笑。得知一部分联军攻入百道原西部的赤坂，肥后武士菊池二郎便率自己的全部兵力二百三十名骑兵与联军展开战斗，而且还按照惯例把二百三十人分组，轮番和联军作战，结果遭到联军火器的攻击而大败。肥后武士竹崎季长负伤落马，虽侥幸未死，但也吓得魂飞魄散。

经过一天的战斗，联军已经彻底掌握了战争的主动权，日军被迫全线撤退。联军紧紧咬住不放，节节进逼撤退的日军。最后，联军左副帅、作战指挥刘复亨意外中箭受伤，进攻的势头才略微减缓，再加上天色昏暗、地形不熟，于是停止进攻。

当晚，联军内部召开会议，讨论进退，结果众人意见不一。最后，鉴于刘复亨已经受伤且箭矢消耗殆尽，联军达成撤退的决定。然而，撤退当晚，台风突至，联军战船大部被毁，损失惨重，最后只能无功而返。

第一次征日的失败并未使忽必烈灰心，为了再次征日，一个专门对付日本的机构——征东行省建立起来。

至元十八年五六月间，两支庞大的远征军驶向日本：一支从合浦（今韩国马山）出发，由主将忻都率领，共四万人，战船九百艘；一支从庆元（今浙江宁波）出发，由范文虎等率领，共十万人，战船三千五百艘。可到八月初，台风竟再显神威，彻底摧毁了元军战舰。十四万大军生还者不足五分之一，元军惨败。

忽必烈在战场上纵横几十年，很少吃败仗，却在征讨日本时两次遭到惨败，这更加激起了他的战争欲望。于是在第二次东征失败后，他立即开始组织建造大船、训练海军和培训水手。可当他认为时机成熟要再次发兵东征日本时，却遭到大臣们的一致反对，结果没能成行。

四、帝位更迭

连绵不断的战争，加剧了国内的阶级矛盾与民族矛盾，也使元朝财政陷入严重危机。一直以来，汉法派和理财派都争执不断。为了摆脱财政困境，忽必烈开始偏重理财派，并先后重用了阿合马、卢世荣、桑哥等人。但在汉法派的反对围攻下，三人又先后被罢免、处决。在与理财派的斗争中，太子真金始终是汉法派的有力支持者。他自幼在汉儒的熏陶下成长，重视儒臣，其太子之位是忽必烈为了防止黄金家族再次陷入争夺皇位内战引进汉族王朝太子制度而设立的。但在阿合马等理财大臣倒台后，真金的生命也进入了倒计时。

至元二十二年（1285），一位来自南方的监察御史上书，指出忽必烈年事已高，应该让位于太子。这显然捅了天下的篓子。忽必烈暴怒不已，处置了那些要求他禅位的大臣们，而真金太子也在恐惧中煎熬地死去。

真金太子去世时，忽必烈已经年过七十。他迟迟没有再立新太子，这其中自然有他的为难之处。当时有资格被确定为皇位继承人的主要有四人：一是忽必烈的幼子那木罕；二是真金太子的长子甘麻剌；三是真金太子的二子答麻剌八剌；四是真金太子的三子铁穆耳。其中，忽必烈最属意的就是铁穆耳。

但忽必烈的正妻察必皇后去世后，他自己的身体也每况愈下，只能由南必皇后照顾。因此，南必皇后在朝中权势极大，大臣们通常无法看到皇帝，只能通过南必皇后进行转达。而南必有自己的儿子，名叫铁蔑赤。因此，她是不会轻易同意铁穆耳继位的。

忽必烈非常清楚，必须要有一名强有力的大臣支持自己，铁穆耳才有实力和南必皇后一较高下。至元三十年（1293）十二月，他将驻守大同的大将伯颜召回，决心采用中原王朝以顾命大臣宣布遗诏的方法来实现自己的意志。伯颜是平宋战争的主帅，这时又以知枢密院事掌天下兵权，所以他是在这关键时刻擎起帝国大旗的最佳人选。

伯颜抵达大都后，他与中书平章政事不忽木便始终不离忽必烈左右。十天后，忽必烈仙去，伯颜与不忽木便以顾命大臣的身份控制住了朝廷局势，不忽木主持引枢北葬等治丧事宜。后来，经过伯颜的一番努力，最终将铁穆耳拥登帝位，完成了忽必烈的遗命。

忽必烈在位三十五年（1260—1294年），最重要的历史功绩就是实现了中国的大一统。这个大一统不但结束了中国长期的南北分裂状态，而且实现了辽东、漠北、西域、吐蕃、云南等地区的空前大一统，特别是将吐蕃（今新疆及青海、四川的部分地区）地区首次纳入了版图。另外，忽必烈还将一些秦汉以来的羁縻统治区域纳入中央王朝的直接管辖范围，实施有效的行政管理，同时，加强了国内各民族之间的联系。元朝统一后，众多民族涌入中原地区，他们带来了各民族的生产技术和文化艺术，丰富了中原地区的经济生活与文化生活。同时，许多汉人迁到蒙古、西域、东北、云南地区，带去了汉族地区先进的农业、手工业生产工具和生产技术，为农业及手工业的发展做出了贡献。为适应大一统的局面，忽必烈还在各地设驿站、修驿道，道路驿道四通八达，加速了物资的交流和商业的发展，也加强了各民族间的文化交流与发展。

公元1294年，铁穆耳接过了祖父的事业。因为他用守成政策，没有继续大肆征战，而是与民休息、稳定民心，是一名守成之君，所以被尊为"元成宗"。成宗的守成政策使元朝摆脱了忽必烈统治后期长期陷于泥沼战的局面，但这并不是说成宗是一个毫无武功建树的帝王。成宗用兵的宗旨可以概括为"既不开疆，也无丧土"，即安定国内政治局势，恢复经济生产，维护忽必烈统治时期的疆域。

大德二年（1298），缅国发生内乱，当地的阿散哥也兄弟势力增大。他们攻入缅都蒲甘，杀死缅王及世子宗室等百余人。缅王是经元政府册立的，其被擅自废立杀戮的举动引起了成宗的警觉。忠于缅王的地方官员和出逃的缅王王子都向成宗告发，控诉阿散哥也兄弟藐视元朝对缅的宗主权力，请求出兵征讨。

大德四年（1300）十二月，成宗令宗王阔阔、云南行省平章政薛超兀而、芝完图鲁米石等出兵干涉，围攻木连城。元军围城长达两个月之久，大德五年（1301）二月末，木连城中薪食俱尽。阿散哥也用重金贿赂元军将领高阿康、察罕不花等人，使元军以"天热瘴发"为由，擅自引兵撤围。同时，阿散哥也派人入朝请罪，承认元的宗主权。这一年秋天，成宗以收受贿赂罪处死了高阿康、察罕不花，但也认可了阿散哥也统治缅国的事实。

元成宗之所以会放过阿散哥也，是因为朝廷内部并不稳定。而为了稳定朝政，元成宗又想到，通过赏赐酬报功臣和支持者、安抚反对派也不失为缓和内部矛盾、争取天下安定的一计良策。

新大汗继位之后，对诸王贵族进行大规模赏赐，这是蒙古汗国的一个传统，成吉思汗时就有统一分配战利品的规定。而窝阔台、贵由、蒙哥继位时的赏赐都很丰厚，赏赐的仪式也很隆重。忽必烈继位时，由于长年征战，国库空虚，开始无物可赏。后来他专门责令王文统、阿合马筹集钱物，在与阿里不哥对峙的情况下进行了一次大规模的赏赐，包括海都和察合台汗国的叛王们也在受赏之列。

成宗即位后，国库更加空虚。但为了赏赐诸王贵戚，他下令动用钞本。钞本就是纸币的后备金，依靠钞本，导致纸币迅速贬值。当时据说买一斤盐需要用半斤纸币。结果，纸币的一再贬值，直接导致了经济的崩溃。

而元成宗挥金如土式的赏赐也刺激了诸王贵戚贪得无厌的本性，导致了国家"向之所储，散之殆尽"的局面。赏赐，原本是统治者提高大家积极性的手段，但是太频繁，他们就会产生依赖，凡是不给赏赐的活就不干，出现了"理财失宜，钞法亦坏"的现象，这也为元帝国的崩溃埋下了隐患。

五、平定叛乱

铁穆耳即位之时，元朝西北地区已经陷入混乱的局面，这些都是忽必烈留下的"烂摊子"。早年忽必烈与弟弟阿里不哥争夺皇位，窝阔台大汗的孙子海都是阿里不哥的支持者。至元三年（1266），皇位之争尘埃落定，阿里不哥战败后被忽必烈毒死，海都只好领兵回到其位于叶密立河流域的封地，做起了"土皇帝"。成吉思汗时期，窝阔台受封别失八里以西、巴尔喀什湖以东地区，是蒙古帝国建立的四大汗国之一"窝阔台汗国"。但由于他的子孙阴谋背叛蒙哥，所以在蒙哥成为蒙古大汗后，对除河西以凉州为中心的阔端封地及其军队外进行了重划，窝阔台后裔的军队都被剥夺和重新分配了。但海都曾在蒙哥身边效力，并且"是一个聪明、能干而又狡猾的人"，他"设法从各处征集了二三千军队"，把自己重新武装起来。

海都因支持阿里不哥未遂而对忽必烈心存不满和疑惧，他一方面抓紧扩充自己的实力，一方面与术赤的后代诸王改善关系，乘机占有了窝阔台原来的封地。

海都的所作所为无疑会引起蒙古大汗的注意，但刚刚平定了阿里不哥之乱的忽必烈不愿连续用兵，与本家族成员再开战火。他一方面争取以和平的方式解除海都的威胁，加强对西北和中亚地区的控制；另一方面同钦察、察合台汗国建立联系，意在结成共同制约海都的联盟。

他派遣长期在自己身边的察合台四世孙八剌（察合台曾孙，木阿秃干的儿子哈剌旭烈之子）前往河中地区，给察合台汗木八剌沙帮忙。八剌到达后，立马就废黜了木八剌沙，自己做了察合台汗国的一把手，成为察合台汗国的第七任可汗，并聚集兵力，准备进攻海都。

忽必烈又派遣使者铁连去游说钦察汗国的忙哥帖木儿（拔都之孙，秃罕之子，钦察汗国第六任大汗），以期得到他的支持。结果，忽必烈成功地争取到了钦察汗的支持，并和察合台汗合作，孤立了海都。同时，铁连也掌握了海都的动向，并提出了制服海都的措施。忽必烈采纳了铁连的建议，并承诺在海都正式造反之前绝不先派兵讨伐。

海都不甘心受到忽必烈的威胁，至元三年（1266），他进入高昌王境内，骚扰并掠夺了亦都护（亦都护是突厥语，意为"神圣陛下"）的属民。五年（1268），他又击溃并洗劫了他们附近的、依附于玉龙答失的纳邻，再次引兵东向，进入高昌王境。忽必烈自岭北发兵，迎击海都于北庭（今新疆吉木萨尔破城子），并乘胜追其至察合台汗国的都城阿力麻里（今新疆伊犁哈萨克自治州霍城县西北的克干平原）。

钦察汗忙哥帖木儿和察合台汗八剌也按照忽必烈的要求，号令军队进攻海都。腹背受敌的海都只能与忙哥帖木儿讲和，转身去打八剌。胜负难分，窝阔台的孙子钦察斡忽勒在中间调解，让他们停止互相攻击。此后，察合台、窝阔台两系又联合攻打伊利汗阿八哈。四大汗国开始了互相争斗。

但是，公元1268年，忽必烈发起了灭宋之战，西北汗国之间的争斗被压制，大家暂时握手言和。至元八年（1271），八剌死，海都主持了八剌的丧事，并任尼克拜和不花帖木儿掌管察合台汗国事务。这个举动让八剌和阿鲁忽诸子很生气，就开始攻击海都，察合台与窝阔台后裔间再一次爆发战争。八剌长子伯帖木儿和阿鲁忽的儿子出伯、合班投奔了忽必烈，后来，贵由的孙子察八忒也归顺了忽必烈。

围绕着大汗继承权的争夺，成吉思汗的黄金家族中出现了尖锐的矛盾。此时，嫡长子继承的制度没有确立，幼子守产的旧俗正在被冲破，选贤任能的原则难以持续长久地推行，先汗的遗命也未被严格遵守。总之，此时的大蒙古国没有统一的选汗标准和原则，这使得大元帝国和其他的四个汗国之间充满了利益矛盾。

之后，海都势力不断扩张，忽必烈一方面遣使令其罢兵，一方面加强了漠北和林和西北别失八里、火州、斡端等地区的防守。他派遣户部尚书、宗正府扎鲁火赤、畏吾儿人昔班到海都处任职，希望可以起到示警和监视的作用。

但是事与愿违，更多的宗王参与了叛乱。至元十四年（1277），叛王们发生分歧，分别攻击元帝国的部属。四月，驻牧应昌（今内蒙古阿巴哈纳尔旗东南）的弘吉剌部首领只儿瓦台起兵响应，把忽必烈的女儿囊加真公主困在应昌城中。此时，蒙哥的四子问平王昔里吉也加入了叛乱。他本来支持阿里不哥，随着阿里不哥战败，他又和阿速台等人投降忽必烈。现在趁忽必烈无暇北顾，又联合海都诸王开始叛乱。忽必烈急调宗王伯木儿、彻彻都，中书左丞博罗欢等北上，让伯颜统军去征讨昔里吉等叛王。博罗欢等在应昌大败叛军，逮住了只儿瓦台。

至元十五年（1278），土土哈越过金山（今阿尔泰山）击败了与叛军联结的外剌、宽彻二部，缴获大量羊马辎重。昔里吉败走也儿的石河，脱黑帖木儿等逃往吉利吉思。这年冬天，元以镇国上将军、汉军都元帅、女真人刘国杰领左、中、右三卫兵，戍守和林。元朝政府军又夺回了对漠北地区的控制权。

至元十六年（1279），脱黑帖木儿领兵南下，袭击杭海（今杭爱山）岭东。元军主帅别吉里迷失采纳刘国杰的建议，趁其"全军而来，巢穴空虚"，直捣谦河。大军迅速占领谦谦州，并追其部众至乌斯。脱黑帖木儿慌忙回军，大败于谦河（今叶尼塞河上游）。元军"俘获牲口畜牧万计"。第二年春，叛军不服气又卷土重来，结果又被击败。

至元十八年（1281），叛军内乱。脱黑帖木儿屡被元政府军击败，他让昔里吉帮他一把，结果昔里吉却没有给他派一兵一卒。脱黑帖木儿怨恨昔里吉，于是他又以帝位煽惑蒙哥的孙子撒里蛮（玉龙答失之子），奉其为主，并征讨玉木忽儿。

双方交战，脱黑帖木儿的军队倒戈投奔玉木忽儿，他本人则被玉木忽儿的军队逮住，并交到昔里吉处杀死。撒里蛮也不得不投奔昔里吉。昔里吉将他送往术赤后王火你赤处。结果半路上，撒里蛮又偷偷集合了自己的势力攻击昔里吉，抓获了玉木忽儿，并送往忽必烈那里。但是其又被叛军攻击，再度失败，玉木忽儿趁机逃走。

此时叛军中已有人想降于忽必烈，但被其他叛军裹挟，所以没有办法投降。

得知撒里蛮有意投降却被偷袭，忽必烈派人联系撒里蛮，共同对付叛军。对阵时，许多叛军倒戈，元军大获全胜。撒里蛮受到了忽必烈的礼遇，而昔里吉则被流放到了海岛，直到去世。

玉木忽儿逃走后投奔了当时的窝阔台汗海都，再度成为忽必烈的心头大患。

昔里吉等的叛乱打乱了元朝的全盘部署，破坏了元朝在西北地区的控制、经营，使海都得以休养生息和扩充实力。他打回了阿力麻里，并不时骚扰天山南北。为了遏制海都势力的东进，忽必烈不得不调整部署。他命令成吉思汗唯一的义子巴而术·阿尔忒·的斤的曾孙火赤哈儿·的斤为高昌亦都护（高昌国的君主），守卫火州。

至元二十二年（1285），海都大将都哇率兵十二万包围了火州，声言："阿只吉、奥鲁只诸王以三十万之众，犹不能抗我而自溃，尔敢以孤城当吾铎乎？"但火赤哈儿·的斤仍率众固守。叛军围城半年，城中粮将尽，都哇所部也师劳兵疲。于是都哇射书入城，要火赤哈儿·的斤纳女讲和。火赤哈儿·的斤忍痛将爱女送给都哇，方才解围。

至元二十三年（1286），当时的名将綦（qí）公直被忽必烈授辅国上将军都元帅、宣慰使，委以重任守卫别失八里。不久，海都再次发动攻势，綦公直率军迎击于马纳思河（今玛纳斯河），追击至浸远。可援军行速慢，跟不上来。海都设伏于洪水山（今新疆呼图壁县西南），元军中计，綦公直与别失八里屯田军总管、怀远大将军李进被俘，綦公直的儿子綦瑗战死沙场。

最后，李进找准时机，逃出去直奔和州，他们路上收了散兵三百人，一边打一边走，这才回到京师。海都乘胜又打到火州，进攻哈密力，火赤哈儿·的斤与其大战了三天三夜，力尽而死。同年，忽必烈聘伯颜代阿只吉为最高统帅，皇孙铁穆耳抚军，在别失八里置元帅府，遣侍卫新附军屯田戍守。

西北诸王叛乱，使忽必烈感觉到地方势力的发展对中央政权的威胁。为了加强中央集权，他在平叛的同时也加强了对东道诸王的控制，想利用东道诸王的力量去平衡地方政府，谁知这又导致东道诸王的叛乱。

至元二十四年（1287）三月，成吉思汗幼弟铁木哥斡赤斤的玄孙乃颜与海都结盟并首先发动叛乱。海都拟率军前来会合，形势顿趋严峻。忽必烈仍以伯颜驻守和林，割断海都与乃颜的联系，阻止海都东来，自己则率军亲征乃颜。他遣博罗欢总探马赤军（元朝从各部落中拣选出来的精锐部队），调集忙兀、兀鲁、扎剌亦儿、弘吉剌、亦乞烈思五投下（投下指贵族首领所属的部众，也就是诸王自己的军队）部众先行。最后，乃颜战败被杀，叛乱暂得平息。

至元二十六年（1289），晋王甘麻剌、大将土土哈与海都军战于杭海岭，甘麻剌陷入重围。为了掩护甘麻剌的军队，土土哈指挥自己的士兵正面迎敌，奋斗苦战，使甘麻剌得以逃脱。海都乘胜北上，再次占领和林。和林为元帝国的旧都，屯粮所在，掌钱谷出纳的和林宣慰使怯伯、同知乃蛮带、副使八黑铁儿没有坚守，而是直接投降了海都。

眼看又打了败仗，作为最高统帅的伯颜重新调整了军事策略。他让各部坚守，消耗敌军的气力，准备等他们疲惫的时候再反击。

军中将领不能完全理解伯颜的意图，朝中又有人用胆小避战的理由攻击他。此时，忽必烈也急于取得平叛的胜利，于是，至元二十九年（1292），朝廷决定以玉昔帖木儿代伯颜。最后，海都被驱出阿尔泰山以外。

元成宗铁穆耳即位后，重新处理海都的叛军，仍然让大将土土哈守卫和林，同时让自己的叔叔、宁远王阔阔出担任抚军，用安抚的手段对付海都。

到了大德元年（1297年），土土哈逝于自己的任上，成宗感到他功劳巨大，就让他的儿子床兀儿继承其遗志，继续征讨海都。

但是作为副手的阔阔出，安抚还行，打仗却是短板，成宗又让自己的侄子海山接替他。大德五年（1301），海山和海都于和林附近激战，双方势均力敌。海山部将见海都大将都哇纵横驰骋，一箭射中了他的膝盖，都哇惨号而逃。失去大将的海都势单力孤，只得收军撤退。海都苦心孤诣数年，原指望大获全胜，谁知大败而回，没过多久就抑郁去世了。之后，都哇接管了他的势力。

大德十年（1306），都哇与海都之子察八儿发生混战，海山乘机率军越过阿尔泰山，大败察八儿。察八儿无路可走，只能投降都哇。都哇乘机兼并了窝阔台汗国的领地，窝阔台汗国从此不复存在。可没多久，都哇也去世了，此时叛军已经没有多少力量了。看准了时机，成宗派使者告诉他的儿子宽彻：你可以接手你父亲的部族和汗位，但是必须要归顺朝廷，不能再造反。

在成宗求和政策的感召下，北方叛王同意罢兵，愿意与其重归于好。这是成宗"以战求和"政策的胜利，也是成宗强调以德服人政策的胜利，可谓其守成政治的一个重大成果，也是其在位时的一大政治亮点。

大德十一年（1307）正月，成宗铁穆耳崩于玉德殿，共在位十三年，享年四十二岁。

可以说，无论是官方史书还是民间百姓，对元成宗都有较高的评价，都认为他是一个守成的君主，改变了蒙哥以来连年征战的局面，让国家变得稳定，让人民安康生活。

第 四 章

皇帝命短

——皇位更替莫怪我

公元1310年，时任监察御史的张养浩提出了尖锐批评，列举了"十谬九异"。

公元1311年正月庚辰，元武宗海山病逝。

公元1311年三月，爱育黎拔力八达以皇太子身份在皇宫继位，为元仁宗。

公元1318年初夏，黄河中下游一带连续发生暴雨灾害。

公元1319年十月，年仅十六岁的太子硕德八剌被授予玉册（太子宫印）。

公元1320年正月，元仁宗病危。

公元1320年四月，硕德八剌继承皇位，为元英宗。

公元1322年九月，太皇太后答吉与权臣铁木迭儿相继死去。

公元1323年九月四日，元英宗和丞相拜住，由于实行新政，被保守势力杀害。

公元1323年，也孙铁木儿即位，在位五年，是为泰定帝。

公元1324年，泰定帝改元泰定，三月立八八罕氏为皇后，皇子阿剌吉八为太子。

公元1325年十月八日，泰定帝改革全国的行政区划，将全国划分为十八个道。

公元1328年八月十五日，元泰定帝也孙铁木儿病逝于上都，终年三十六岁。

公元1328年九月，泰定帝之子九岁的阿剌吉八即位。

公元1328年深秋，燕铁木儿兵变。

公元1328年八月二十三日，两都大战。

公元1328年十月十三日，天顺帝"被失踪"。

公元1329年正月，图帖睦尔遣使迎其兄和世㻋即帝位，是为明宗。

公元1329年正月，图帖睦尔复位。明宗在位仅八个月。

公元1331年，阿剌忒纳答剌被册立为皇太子。

公元1332年八月，文宗去世，同年三年十月十三日，年仅七岁的懿璘质班登基，是谓宁宗。

一、武宗继位

成宗铁穆耳在位时，吸取了以前因不立皇储而导致争位的教训，决定将皇储之位给他唯一的嫡子德寿，并封德寿为皇太子。可是，皇太子德寿不幸早夭，皇位的继承又成为一个悬而未决的问题。大德十一年 (1307)，成宗病故。而直到临死前，他也没有再确定皇位的继承人，这就使朝中诸权贵再次展开激斗。

安西王阿难答暗中觊觎皇位，于是与中书左丞相阿忽台共谋让成宗的皇后卜鲁罕摄政，自己辅政，从而为自己登基为帝做铺垫。但是当时有更正统的人选，丞相哈剌哈孙选择了忽必烈的孙子，成宗铁穆耳的兄长答剌麻八剌的儿子。同为真金太子的儿子，答剌麻八剌比阿难答正统得多，也更加名正言顺。

哈剌哈孙知道阿难答与阿忽台的阴谋，立刻派人邀请答剌麻八剌的儿子海山和爱育黎拔力八达返回大都。

海山没有轻易去大都，而是让兄弟爱育黎拔力八达率军南下，确保安全。

当爱育黎拔力八达成功地清除了政敌，取得了对选举大会的控制权之后，剩下来的便是召开传统的忽勒里台大会正式确定新的皇位继承人。是时，宗王阔阔出、牙忽都等人为防止再发生意外，皆请爱育黎拔力八达早登皇基，"以正位为宜"。

但是爱育黎拔力八达坚持要请兄长海山来继位。传闻，兄弟俩的母亲是弘吉剌部落的答己，比较偏爱小儿子，于是对长子海山说："请了阴阳先生为你测算，如果你登基为帝，只能再活三年，不如让位给弟弟吧。"

海山当然不同意，于是亲率三万大军回到都城。之后，海山正式即位，史称元武宗。

其实成宗铁穆耳在位时，就非常看好海山。当年宗王叛乱，海山战功卓著，被封为怀宁王。同时，成宗还将之前真金太子的皇太子信宝赐给海山，承认其在皇位继承上的权利。

北疆的胜利使海山的声誉大大提高，这有利于他登临大统，也使得他更有威望去改革朝政。

武宗即位后，中央部门用人大多在西北从征的蒙古、色目将领中挑选。哈剌哈孙被调往和林任职，乞台普济升为中书右丞相，被封为"安吉王"。而武宗感悟到，成宗后期以来，社会政治和经济问题正逐步恶化，所以他开始调整成宗时期的国策。对于武宗的施政，可以用"惟和惟新"四字概括。

政治上，武宗标榜"溥从宽大"，大范围封官赏赐；经济上，武宗改革钞法，发行"至大银钞"和"至大通宝"；文化上，武宗崇信藏传佛教，同时延续宗教自由政策。

武宗施行各项政策的出发点是好的，但施行这些政策的实质仍是想用大量赏赐笼络群臣，发行新钞，实行重利经济，高薪养廉，以满足政治上的需要。所以，这种政策一施行就出现了问题。

当年，元世祖为了整治蒙古汗国时诸王封号印章的混乱状况，从等级上抑制宗藩，置宗王于臣属地位，曾经制定了一整套严格的封爵印章制度来维护等级差别。规定分授诸王印章为六等三十六位，多数受封亲王都有王号。武宗主政后，请赏者络绎不绝，国库空亏，武宗便开始滥封爵位、滥发荣誉作为补偿。这一时期，晋封一字王位的人多达十五六人，朝廷中官吏的数量也大增，官职提高，朝纲混乱，名位不清。而就算是道士、僧人、唱戏的名角，只要武宗高兴，都能被授予左丞、平章、参政一类的官职。

武宗的大加赏赐更加剧了国家财政的紧张局面。在赏赐方面，他甚至比成宗还大方，有时甚至是成宗的三倍。

在他即位后四个月，中书省汇报的政府财政状况是：常赋岁钞四百万锭，中央政府日常开支实际只有二百八十万锭。但是，从皇帝即位以来，已经支出四百二十万锭，赊账的还有一百万锭。

面对严重的财政危机，武宗不是根据下属官员的建议，采取缩减开支和裁减冗官的政策，而是做了一个鲁莽的尝试：重建尚书省以增加税收。

虽然中书省还是处理政府的主要事务，而尚书省只负责与财政改革有关的各项政策，但是新建的尚书省很快就剥夺了中书省理财、用人和司法等最重要的权力，并被赋予更大范围的决定权。之后，所有的行中书省都改名为行尚书省，尚书省的触角通过它们直达全国各地。

而尚书省解决国家财政问题的核心方法就是货币改革。至大三年（1310），政府发行的纸钞总量是一百四十五万锭，等于旧中统钞三千六百三十万锭，为前三年任何一年印行纸钞量的七倍，是元廷此前印行纸钞最多一年，即公元1302年印钞量的三倍多。这使得货币迅速贬值，原来能割一斤肉的钱后来只能买一斤盐。

此外，武宗为减少政府开支采取的措施很少，只是有限地减少了中书省、御史台、枢密院和通政院主要官员的人数并裁减了各机构的多余人员。可以说，尚书省及其设计的改革从一开始就注定了失败的命运。

尚书省自始至终都遭受着强烈反对。右丞相塔思不花和御史台官员曾反对尚书省的设置；朝中的大部分官员都对尚书省的政策提出了强烈的批评；有些受命到尚书省任职的汉人官员拒绝上任。

不过，武宗的改革并没有机会展示成果，因为它仅仅施行了十六个月。新政的失败也标志着元朝统治由盛转衰，政治开始严重腐败。

至大四年（1311）正月庚辰，元武宗海山病逝。他登上帝位仅短短三年时间。三月，他的弟弟爱育黎拔力八达以皇太子身份在皇宫即位，受诸王百官朝贺，史称元仁宗。这是元朝皇帝第一次以纯汉制的形式登上皇帝的宝座，它表明蒙古贵族的汉化程度在一步步加深。

二、仁宗儒治

仁宗甫一主政，便直接废除了尚书省,权力重归中书省,并且将武宗时期的权臣脱虎脱、三宝奴等论罪诛杀。武宗的新政推行不到一年半后及时地废止了，但武宗遗留下的诸多问题给元朝日后的发展带来了极为不利的影响。

仁宗于皇庆二年（1313）颁诏，并在其后的两年中首次实行了新科举制度，考试科目重经学而轻文学。它还指定朱熹集注的《四书》为所有参试者的标准用书，并以朱熹和其他宋儒注释的《五经》为汉人参试者增试科目的标准用书。

重经学而轻文学显然有利于理学家的观点，具有超出元代本身的历史意义。元仁宗拟定的科举制度及其实施细则十分具体、详细、周全，方方面面都做了认真的考虑和严密的防范。这一科举制度及其实施办法不仅是元代举行科举考试的指南，而且对明清两代科举取士办法的制定也产生了较大的影响。

延祐二年（1315）三月，元朝行科举制的首场殿试在京城举行，元仁宗亲自监考，名儒元明善做副主考。这次笔试共选聘出五十六人，这些人在日后都有一番作为。延祐首次科举考试实行后，既在政治上多少满足了汉人开仕途的希望，也适应了元朝统治者用儒图治的需要。

然而新的考试制度却反映出元朝统治下特有的"民族倾向"特征。比如，蒙古人和色目人的考试不仅比汉人、南人简单，还在种族制度下享有"同等席位"，即面试过后，同等条件下优先录用。通过各省考试参加会试的名额，按照四等人的划分，每等七十五个名额。

为了不损害旧贵族的承袭特权，扰乱现存的官僚体制，登第殿试的名额控制在较低水平上，每次考试不超过一百人。此后，元政府举行了十六次考试，考中进士的共计一千一百三十九人。这个数字，只比同时期文官总人数的百分之四稍多一点。因此，科举考试制度并不意味着对享有特权的蒙古贵族利益有损害。

元朝统治者的统治机构中，各个机构的一把手都是蒙古人和色目人，其次才是汉人，南人参政议政的机会很少。在地方上，达鲁花赤（掌握地方行政和军事实权，是地方各级的最高长官）一般由蒙古人担任，色目人任同知，汉人任总管，同知、总管互相牵制，都要服从达鲁花赤的指挥。在刑法上，蒙古人、色目人、汉人分属不同机关审理。在量刑上，同样做一件坏事，惩罚方法却不一样。比如，蒙古人打死汉人，只需要去政府农场劳动；汉人杀死蒙古人则要处极刑。蒙古人打汉人，汉人不准还手，违者严惩。汉人、南人犯盗窃案要在臂上刺字，蒙古人、色目人则免刺。

元朝统治者还规定，汉人、南人不得私藏兵器，不得田猎、习武、祈神赛社、夜间点灯等。这种民族等级的划分，是促使元朝社会矛盾尖锐化和复杂化的重要原因。

元朝后期，为了加强统治，统治者又重申汉人不得执寸铁的禁令，每十户居民才给一把菜刀，并且菜刀还得用铁链锁在水井旁，这给家庭日常饮食带来很多麻烦。尤其是伯颜当政时，竟借口起义军多为汉人，企图挑起民族仇恨以压制广大汉族人民的反抗斗争，结果激起了以汉族为主的各民族更激烈的反抗。

不过，仁宗推行的考试制度，应被看作传统文化观念与社会现实状况之间的结合，既有文化意义，也有社会和政治意义。把儒家学说作为甄选精英的标准，给汉族士人入仕提供了一条正常的道路，这对江南的士人更为有利。

江南的士人以前多被排除在官场之外，科举恢复后，他们有了当官的机会。此外，考试制度也鼓励蒙古人和色目人学习汉学，特别是那些不属于贵族家族的人，这加速了蒙古人和色目人的汉化，只是这种汉化来得有点晚，程度也不够。很多矛盾积压太久，已经不能通过小小的改革来解决。

在开设科举的同时，仁宗还大力开展兴修法典及扫除文盲的工作。

对于元朝多贵族、多人种等级的环境而言，法律很难施行，所以除了成吉思汗在草原上颁布了法典之外，元朝始终没有官方面向全国的法律出台，权贵的权力基本都没有限制。缺乏法典引起了汉人官员的极大焦虑，他们多次努力编撰法典和律例，以作为判案的依据。最早的补救措施是至元二十八年（1291）颁布的《至元新格》，这大体上是个法令汇编，但是并没有太大作用。

仁宗命令中书省臣汇集忽必烈朝初年以来的律令条例，这一工作于延祐三年（1316）完成。但是汇编的复审过程比预计长很多，直到元英宗即位后两年才完成。

最终，法典以《大元通制》的名目正式颁行，分为断例、条格、诏制、别类四大类，成为元代法制史的里程碑。

面对元仁宗兴利除弊的一系列改革政策，蒙古贵族中的守旧势力大多心怀不满。他们中的代表是当时的中书右丞相铁木迭儿，而其后台则是仁宗的母亲、出身弘吉剌氏的皇太后答己。早在海山去世时，答己就以太后的身份调铁木迭儿入中书省，两人一起把持朝政。

铁木迭儿劣迹斑斑，受贿卖官、强占民田无所不为。甚至当时一位叫张弼的富人杀了人被关押，只因送了他巨额钱财，铁木迭儿就要将其释放。

中书平章政事萧拜住、御史中丞杨朵儿只和另几位大臣赵世延、张养浩、贺伯颜等联名上书揭发铁木迭儿的罪状，所列罪状有理有据，无可辩驳。仁宗震怒，下诏逮捕问罪。但铁木迭儿藏匿在太后贴身侍婢家中，无法将其逮捕归案。仁宗遵从儒家以孝治国的方针，不愿与母亲决裂，所以无可奈何，仅仅免去其丞相职务，并未追究其责任。

可铁木迭儿被罢相还不到一年，就又走太后的"后门"，被起用为太子太师。这样为非作歹的人怎么可以当国家未来君主的老师呢？朝廷上下很多人都反对。但由于有太后竭力保护，始终不能给他定罪。

另外，一些客观原因也制约着仁宗按中原传统方式对元朝政府进行改革，因为他不能以削弱蒙古诸王的行政权、司法权和经济特权的方式来加强中央集权。尽管忽必烈推行了中央集权的政策，蒙古诸王仍然拥有他们领地相当多的行政权、军事权、财政权、司法权。那么多的宗王都有自己的军队和领土，逼急了肯定要造反。

延祐二年 (1315)，仁宗下令宗王分地的达鲁花赤由中书省任命的"流官"担任，宗王只能任命副职。这样的做法招致一些宗王和御史台的激烈批评，他们指出这样做既违背了成吉思汗与兄弟们共享天下的约定，也破坏了忽必烈制定的制度。于是，仁宗不得不在延祐四年 (1317) 取消改革措施，再次允许领主自辟达鲁花赤。这标志着地方长官可以由各地宗主自己指派，所有地方权力归各地宗王所有，中央政府失去了地方统治权。

而面对越来越急迫的财政危机，除了废止武宗的聚敛政策外，仁宗还试图停止武宗时期开始的公共建筑计划，削减冗官，在可控制的范围内适度减少赏赐的数额。这些政策确实能够减少政府的开支，但是阻力太大，根本不能彻底执行。

同时，为了增加国家税收，仁宗还将税收范围扩大到盐及官府监造的铁制品。因为盐、铁是人民的生活必需用品，是收税的大头，并且铁是武器的来源，因此要受到国家的管控。另外，仁宗还尝试修改旧制。早在南宋时期，江南地区的田籍已经相当混乱，许多权贵占据了大量的田地，却谎报数量减少田税，而普通老百姓已经没有田地了，却还要交税，生活越来越凄惨。这自然会造成广大农村田地不实、赋税不均，最终影响国家收入。仁宗实行汉法政治，也是想用汉法经理田粮，努力解决土地不实、赋税不均的社会问题。

仁宗爱育黎拔力八达死于延祐七年 (1320) 正月，终年三十五岁。虽然他努力改革，希望元朝走向长治久安，但是天不假年，他的去世也让元朝贵族们松了一口气。仁宗朝"开启了科举取士的开端"，所以被历史学家孙克宽称为"延祐儒治"。它虽然为元朝增加了更多的中原政治制度，但还是没有改善底层人民的生活质量，因此没能从根基上改造元朝的"整体结构"，元朝汉化的历程饱受挫折。

三、帝系更替

仁宗之后继位的英宗硕德八剌出生于洛阳附近的怀州，是在他父亲和祖母被贬居期间出生的。在父亲的影响下，他从小就接受汉族儒家文化的教育，同蒙古草原在马背上长大的贵族子弟大不相同。他身边聚集了一群社会地位低下的汉族知识分子，这些人的思想与言谈自然对他产生了潜移默化的影响。

英宗硕德八剌虽然在位仅三年，但他推行了种种新政改革，其核心仍然是元世祖继位以来的"行汉法"的政治措施。他企图以此开创一个继承祖业、天下太平、国富民足的政治局面。只是他性格柔弱、政治经验不足，最终还是失败了。

小硕德八剌具有儒家所推崇的"谦德"，性格、品行、道德素质都很好。开始听说父皇与太后要立他为太子，他竟跑到太后宫里推辞说："我还小，有时候说话做事还不妥当，还是让哥哥们来吧。"被立为太子后，他经常与身边的儒生议论当时的社会热点、难点问题和治理国家的良策，希望用儒家的思想把国家治理好。

延祐五年（1318）六七月间，黄河中下游一带连续下了三十多天暴雨，黄河在河南睢阳（今商丘北）决口。洪水吞没了几十个州县，无数民房被冲毁，数以百万计的灾民背井离乡。而陕西、江西等地又连年大旱，连续几个月没有下过一滴雨，庄稼十之八九枯死。紧接着又是大规模瘟疫流行，夺去了很多人的生命。但是元朝政府腐朽已久，抚民、济民的政策没有实行，百姓们怨声载道。

其实，老百姓没有太多要求，只要能吃饱穿暖就一切好说。可如果连这点小小的基本要求都满足不了，那就会揭竿而起。

官吏和地主富豪们的生活越来越腐化，对老百姓的剥削越来越变本加厉，劳苦大众生活在水深火热之中，逼不得已，纷纷起义。其中最著名的就是江西的蔡五九起义。起义军深深打击了元朝的统治，使其原本就不稳的根基更加脆弱。

面对国家这个烂摊子，年少的硕德八剌急得冒火，常常与身边的儒士、学者探讨治国之道。他认为管理国家需要仁政，在马背上可以取天下，但不可以在马背上治理天下。太祖皇帝骑马挥鞭，叱咤风云，灭国四十，没有几年就取得了天下，然而治理国家还要靠国家的政治制度。参考辽金遗留的旧制度并加以改良，吸取经验，才能够更好地治理国家。

延祐六年（1319）十月，年仅十六岁的硕德八剌深受父皇的信任，被授予玉册（太子宫印），建立了一套自己的行政办公机构。仁宗下诏由太子主持处理朝廷日常政务，以便太子在实际工作中得到锻炼。

延祐七年（1320）正月，元仁宗病危。太子硕德八剌悲伤不已，每天晚上去神佛塑像面前焚香哭泣，祈祷父亲早日康复。可天不遂人愿。仁宗死后的第四天，答己太后就下令将当年支持仁宗推行汉法的右丞相答沙免职，并令铁木迭儿第三次出任右丞相。

大权在手的铁木迭儿，开始大肆迫害曾经上书弹劾过他的大臣们。他假传太后旨意，将萧拜住、杨朵儿只逮捕，罪名是"曾经违背太后旨意"。杨朵儿只冷笑着说："当初以我们的职权，要杀你一点儿也不难。如果我们真的不从太后的旨意，你还能活到今天吗？"铁木迭儿无法反驳，只能另想办法。

于是，铁木迭儿找来两名朝臣，想让他们证明杨朵儿只有罪。而杨朵儿只对这两个人说："你们两位也是御史，不应干下流的勾当。"两人深感羞愧，也一言不发。尽管铁木迭儿抓不住杨朵儿只等人的任何把柄，但他还是借着太后的旨意，硬是将萧拜住和杨朵儿只杀害了。可以说，铁木迭儿这个奸臣一直在把元朝往深渊里推。

延祐七年（1320）四月，年仅十七岁的硕德八剌继承了皇位。第二天他单独召见了仁宗亲近的大臣拜住（与前文萧拜住不是同一人）、张养浩、郭贯等人。答己太后与铁木迭儿等保守派对改革派的恣意报复，已经对英宗构成了严重的威胁。为了巩固自己的统治，英宗决定采取必要的措施：罢免思想保守的左丞相合散，冲破重重阻力任拜住为左丞相。

拜住是开国功臣木华黎的后代，五岁丧父，在母亲的抚养下长大。由于他出生在文化发达的山东地区，同当时著名的学者虞集、吴澄等来往密切，深受儒家文化影响，在士大夫中素有"蒙古儒者"的美名。他主张继续进行改革，实行汉法。

拜住作为英宗的师友与重臣，在英宗兴利除弊的改革中做出了重大贡献。对于拜住，英宗曾经这样说："我委托给他的是兴旺国家的大事。他的祖上木华黎是太祖成吉思汗的大将，安童是辅佐世祖忽必烈的重要大臣，现在他辅佐我，更是君臣佳话啊！"拜住很感动，一心一意帮助英宗改革——但是也不难看出，元朝的权贵都是世袭的，下层的人才很难升上来，这样的国家怎么会长久呢？

后来，铁木迭儿随元英宗到上都，又勾起了他与上都留守贺伯颜的旧怨。前几年，正是这位贺伯颜与萧拜住等人联合揭发了他的罪行，才使仁宗罢了他的官。他痛恨此人一直与他作对，便给贺伯颜制造了一个"穿常服迎接皇帝"的罪名，诬陷他对新即位的天子"大不敬"，将其置于死地，并没其家产。贺伯颜死时，百姓围在尸体边痛哭，并焚烧纸钱为他送行，可见他深得民心。至于弹劾过铁木迭儿的赵世延，他被铁木迭儿逮回大都，严刑拷打。英宗这时候已经初步稳固了自己的地位，便两次下旨赦免了赵世延。可铁木迭儿仍然将赵世延关进了死牢，最后幸得多方搭救，才得以获释。

英宗可以说是元朝唯一在临朝执政前未经任何磨砺的皇帝了。尽管他自幼接受儒家的说教，思想十分汉化，但他缺少政治经验，也不像他的祖辈那样有一个声望足、可信赖的辅政班底，所以在面对太皇太后答己和铁木迭儿时就显得十分无力。英宗要实现自己的志向，前进的道路是十分艰难的。

尽管处于十分不利的政治环境，年轻的英宗也并没有妥协。延祐七年（1320）五月，铁木迭儿与被罢免的合散等人在太皇太后的支持下决定发动政变，废掉英宗。英宗提前得到消息，他先发制人，率先捕杀了合散等人，而铁木迭儿依旧因有太后庇护，逃过了这一劫，没有被治罪。但打这以后，铁木迭儿便称病躲在家中，再也不敢过问中书省政事了。

至治二年（1322）九月间，太皇太后答己与权臣铁木迭儿相继死去，这终于给了元英宗大展宏图的机会。这年十月，英宗任拜住为中书右丞相，且不设左丞相，以免掣肘。为了达到富国强兵的目的，英宗在拜住等人的协助下实施了一系列新政。比如，大量起用汉族知识分子，淘汰旧官僚；完善货币制度，实行"助役法"，从地主那里收取助役费，用来补贴农民，从而提高农民的生活水平等。

一些传记曾记载了元英宗一些虚心纳谏的故事和情节。比如，他曾任命宦官为太常署令，而大臣认为宦官不能参加祭拜，他便收回了委任状；他上台后想像之前的皇帝那样大赏功臣贵族，而中书省的臣子们提议因财政困难，应该节制赏赐，他立即予以采纳。

有一年过年，英宗非常想在宫中张灯结彩，庆祝一番。但御史中丞张养浩上殿进谏说："当今国库空虚，黄河泛滥，灾民遍野，臣以为宫中之用应该节省。"英宗听后很高兴，但表面上却故作生气，说："朕登基以来，上承天命，下恤百姓，万民同乐，天下太平。值此佳节，不应该庆祝一番吗?"张养浩面不改色，据理力争。结果，元英宗对群臣说："我朝有张爱卿这样的大臣，朕还有什么忧虑的呢?自今以后，朕凡是出现过错，不仅台臣应谏诤，众人都可以提意见，这就是朝廷的胜利呀!"

御史台臣请求英宗降诏规定台纲纪律，英宗说："卿等只管守职尽言，正确的朕一定采纳实行，不正确的也不会向大家问罪。"不久，他又下诏天下，有不少人直接到皇帝面前进言。

后来，拜住建议说："如今上封事者，不少人都直进御前，多为不便。希望设置一个机构，对于提建议者先过滤一遍，能解决的当时就解决，解决不了的再入奏。"英宗则说："给朝廷提建议者可以直接到我跟前，如果是平民百姓的诉讼之事，则可禁止直达朝廷，由相关部门解决。"

有一次英宗对拜住说："朕认为，天下之大，非朕一人思虑所及，你是朕的左膀右臂，千万不要忘记建言献策，以帮助朕纠正各种失误。"拜住说："古代尧舜为君，每遇到一件事都要征求众人的意见，别人说得正确则舍己从人，故而万世称他们为圣人。桀纣做国君时，则拒绝别人提意见，自以为贤能，只喜欢别人服从自己，好亲近小人，故国家灭亡而不能自保，世人直到今天还称其为无道之主。臣等仰仗陛下洪恩，哪敢不竭忠尽力以报效朝廷呢！然而很多事情说起来简单，做起来难。只要陛下身体力行，那么我们做臣子的，不能及时劝谏皇上，就是我们的过失。"

英宗要求宰相和各级官员不仅要忠于职守，而且要努力荐贤进谏，并专门颁发了一份诏书，规定："监察御史和廉访司这两个部门，每年都要推荐可任守令者两名。如果其中有七品以上官职且确实有大才能的人，需要单独向皇帝汇报。此外，民间如果有知名的隐士，也需要向上汇报。"

可以说，元英宗真的是求贤若渴，对待人才真的是费尽心思了。

对那些不推荐贤能、搞不正之风的，英宗则严厉批评。如英宗即位之初，有人曾通过近臣进献七宝玉带，以示祝贺。英宗很生气，说："朕刚登基不久，百废待兴，需要的是文武贤才和米粟布帛，你们作为近臣，不去荐贤举善，却替人进献玉带，岂不是用利引诱朕走邪路吗？"年轻的元英宗从谏如流，一时间朝野震荡。

英宗的一系列举措使元朝国势大有起色，却也引起了蒙古保守派贵族的不满。

铁木迭儿堪称一代权臣，他虽然死了，但他的党羽还在，他的罪行也没有得到应有的清算。其中，两个大案与其有关：一是贪赃库银五百五十万两；二是受贿包庇杀人犯。就在他死后第二年，监察御史还有人上书说："铁木迭儿奸贪负国，生逃显戮，死有余辜!"因此，英宗和拜住下决心继续对铁木迭儿及其党羽进行追查。

铁木迭儿之子八里吉思被处死，另一个儿子锁南被革职，英宗还下令拆毁其父祖以来所立之碑，追夺官爵，将其家产没收充公，并向全天下公开。但其死党之一铁失隐藏很深，又是重要的皇亲国戚，所以英宗与拜住并未对其处理，只是严重警告，更未采取任何防范措施。

铁失出身蒙古贵族，其父为昌王阿失，其母乃盖里海涯公主，妹妹则是英宗的皇后。此人贪财好色，品格卑劣，曾拜铁木迭儿为义父，是铁木迭儿的得力干将。铁木迭儿死后，铁失则成为其死党的实际领袖。

正是有铁木迭儿的提携与支持，铁失被任命为御史人夫。后来，在铁木迭儿临死前，他又掌握了中央禁军。由大臣兼领禁军诸卫事务，这在元朝是没有先例的。英宗与拜住对这个关键问题的疏忽与纵容为后来的南坡之变埋下了祸根。

至治三年（1323）六月，正在上都避暑的元英宗"晚上失眠，命做佛事"。拜住劝阻说："请喇嘛做佛事，超度的乃是死人。目前国家经费不足，还是不做为好。"但铁失等人指使喇嘛怂恿英宗："现在国家有灾难，必须要做佛事来渡过，还要大赦天下释放犯人。"拜住大怒："你们这喇嘛，只会念经骗钱，还想为那些有罪的人说情开脱，真的不知对错吗?"

铁失等人把拜住的话理解为要惩治他们。于是铁失一伙狗急跳墙,准备向英宗和拜住下杀手。他们决定在英宗回大都的途中行刺,因为沿途护卫的军队,都是他们直接控制的阿速卫兵(由西北少数民族阿速人组成)。同时,铁失派其同伙斡罗思赶到北方,想说服晋王也孙铁木儿做皇帝。

晋王当时驻守在蒙古草原,斡罗思前来劝说时,他已有了篡位之意,但又担心政变不能成功。回到大帐后,晋王想到一个两全之策:他扣押了斡罗思,派使者前往上都向朝廷"告变",一旦铁失的政变没有成功,他就迅速将斡罗思交给英宗,给自己留一个退身之路。

八月五日,英宗离开上都向大都进发。由于天气炎热,加上铁失等人故意拖延时间,傍晚之时大队人马便决定在距上都三十里的南坡店过夜。夜间,铁失派阿速卫值勤,他与也先帖木儿及诸王按梯不花等十六人,手持凶器,闯入英宗和拜住的大帐,拜住与英宗先后被杀。年仅二十一岁的元英宗和年轻有为的丞相拜住,由于实行新政损害了保守派贵族的利益,在经历无数的阴谋与背叛之后,就这样被残忍杀害了。这次弑君行为在史书上被称为"南坡之变",它标志着元帝国的统治阶层走向了分裂。晋王也孙铁木儿在漠北龙居河(怯绿连河)继位,是为泰定帝。

也孙铁木儿,真金太子的孙子,在叛乱中顺利地夺得了皇位。虽然背负着叛乱者的骂名，但此人生平没有大的过失，而且心地很好，也有图治之心。可惜，元朝此时已经乌烟瘴气，他的才干与学识又不足以扭转乾坤。由于他在元朝帝系里没有庙号，所以后世的史家便以年号来命名，称呼他为泰定帝。

泰定帝利用铁失等人的逆乱而取得帝位，为报答拥立之功，便对逆党加以封赏，以安定其心。他任命也先帖木儿为中书省右丞相，铁失为知枢密院事等，而他自己的亲信倒刺沙任中书平章政事。

经过一个多月的安排、调整，泰定帝见皇位已经稳固，便开始对逆党加以铲除。兔死狗烹、鸟尽弓藏，这是亘古不变的道理。也先帖木儿、铁失和参与事变的其他官员都被处死，与逆谋有关的五王都被流徙远方。清洗谋叛者是他为了把自己和弑君事件完全划开，保证其即位的合法性。

泰定帝坐稳帝位后，开始给自己谋划。首先，他派出自己信任的诸宗王镇守四方。泰定元年（1324）三月，他命宗王八刺失里出镇察罕脑儿。六月，他又命宗王阔出前往镇守畏兀儿之地。随后，他又命宗王失刺镇守北疆，铁木八不花镇守扬州，阔不花镇守陕西等，进一步加强自己对全国的控制。

安定了地方上的人事任命，他又开始处理中央的官员。泰定帝在泰定元年十月下令，中书省左右丞相等要员，每天的办公地点从中书省的衙署移到皇宫之内。如有日常的事务，则回省中处理；如果无事，须在皇宫中与帝王相处，以讨论各种政务。这种做法，颇似汉武帝时的内朝、外朝之制。由此可以看出，泰定帝是要进一步加强皇帝的集权统治，把治国权力收归自己所有，做到"政由己出"。

在忽必烈朝之后的历朝中，也孙铁木儿的机构是最"非汉化"的。至元三十年（1293年）出生于漠北的也孙铁木儿，即位时已经是三十一岁的成年人。他有很深的草原背景，从未受过汉式的儒家教育。也孙铁木儿的朝廷明显不同于以前的朝廷，确立了有漠北草原和伊斯兰教背景的人占优势地位的格局，这些都决定了他不可能继承前两代皇帝的汉化改革。

泰定帝即位以来，自然灾害频发，灾情遍布全国各地，其严重程度超过前朝。另外，此起彼伏的民族起义也让他大呼头疼。当然，最难的还是钱的问题。作为已走下坡路的元帝国的皇帝，也孙铁木儿也不能使历史时钟倒转。

而泰定帝即位后，为保帝位在他这一系传延，他于泰定元年（1324年）把自己五岁的儿子阿速吉八立为皇太子。致和元年（1328年）七月，三十六岁的泰定帝驾崩，共在位五年。

公元1328年，用"多事之秋"来形容毫不为过，因为对于元朝的皇室来说，这一年发生了太多的事情。这一年，不仅经历了泰定帝、天顺帝和元文宗三位皇帝，年号也随之由泰定五年变为致和元年、天顺元年、天历元年。如此频繁变化的背后，是皇室为争权夺利而进行的激烈斗争。

泰定帝驾崩后，右丞相倒剌沙专权，迟迟不让阿速吉八即位。而此时，留守大都握有兵权的燕帖木儿发动政变。

燕帖木儿是海山征讨叛王时的军事统帅和海山即位的拥立者，海山在位时该家族的地位达到了顶点。但是，在其后两朝皇帝在位时，此家族的地位一落千丈。英宗被杀，泰定帝即位，任用亲信色目人倒剌沙等主管政府，更加令其不满，就准备推翻泰定帝一系的统治。与燕帖木儿一起的，还有宗王满秃、阿马剌台，大宗正（管理皇族事务的官员）札鲁忽赤阔阔出等人。他们或是武宗之近亲，或是武宗的旧臣，对于仁宗的背约本就极为不满。所以拥戴武宗海山的儿子即位成为他们共同的目标。

燕帖木儿于致和元年八月四日清晨成功地冲进宫中，俘虏了中书省平章政事乌伯都剌和在大都的其他大臣。当时他召集京中诸官僚，当众宣布：皇帝正统是元武宗海山和他的子孙，现在应该回到他的儿子手中。

在控制了大都之后，燕帖木儿马上组织了一个临时政府，并遣人报告在江陵的图帖睦尔和在河南的伯颜。这个伯颜不是元世祖忽必烈时的那个伯颜了，而是蔑儿乞惕部落的新贵，早年间是海山手下的将领，此时已位高权重，手中有可以调兵的虎符，可以控制江淮一带的所有军队。他是帝位争夺中的又一个重要人物，为了让帝位回归元武宗后人之手，他派出重兵，护卫元武宗的次子图帖睦尔一同北上。

而燕帖木儿也在大都积极筹划，准备与上都的泰定帝一系展开决战。在武宗一系与泰定帝一系之间，一场大规模的皇位争夺之战已经不可避免。自蒙古立国以来的一百二十年间，这是第二次出现两帝并立的局面，骨肉相残、胜者为王的惨剧再次上演。

八月二十三日，上都军马开始向大都进发。九月一日，燕帖木儿等率军北上迎敌。两都之战，大都方面首战告捷。不久，上都军再次向大都发动猛攻。在这危急时刻，燕帖木儿力促图帖睦尔登上皇位，是为文宗。文宗下诏告于天下，改年号为"天历"，指责泰定帝参与了谋杀英宗的逆乱，并声称"待长兄和世瓎回到中原，则将皇位让出"。是时，倒剌沙及宗王脱脱、王禅也拥立阿速吉八即位，改年号为"天顺"。

就在两都军马连日展开激战的同时，驻守于全国各地的蒙古贵族们，也表现出不同的立场。镇守在东北的蒙古军统帅不花帖木儿、宗王月鲁不花等，就像墙头草，先是支持上都方面，不久却转而支持大都方面，在十月十三日包围了上都。惊慌失措的上都宫廷被迫在第二天出降，年轻的皇帝天顺帝阿速吉八"被失踪"。

四、文宗革弊

上都的投降，天顺帝的失踪，扫清了海山后人继承帝位的障碍。然而，上都的投降并不意味着大都派取得了全面胜利，其他地方的战斗还持续了很长时间。直到公元1328年年底，在陕西的上都派还没有放下武器，而四川的上都派到第二年五月才投降。云南上都派顽强战斗，坚持了四年之久，到至顺三年（1332）三月才放弃了他们的努力。

图帖睦尔在即位诏中曾表示要让位给他的哥哥。天历二年（1329），和世㻋得讯南还，在和林北即帝位，史称元明宗。后燕帖木儿奉皇帝玉玺北上抵达明宗所在地，并陪同明宗南还。当明宗南行至上都附近的旺忽察都（今河北张北县北）时，名义上已逊位的图帖睦尔前往迎接。兄弟重逢，二人大摆宴席。然而，当宴会进行到第四天时，元明宗和世㻋就突然"暴毙"了。

明宗一死，文宗又带着皇帝宝玺启程返回上都。燕帖木儿昼则率卫士护从，夜则亲自巡护。文宗抵达上都后，遂在诸王大臣劝说下复正大位。作为争夺帝位的主要功臣，燕帖木儿和伯颜得到了蒙古帝国历史上前所未有的权力和荣誉。

燕帖木儿在天历二年 (1329) 建立了大都督府，直接控制六个卫军机构，他还要求宗王、公主、驸马、近侍人员和大小衙门的官员，不得越过自己上奏，凡违背者便以违背皇帝论处。这再次肯定了燕帖木儿的显赫地位。这样，燕帖木儿就把政府的政治、军事、监察和文化的所有权力统统抓到了手中。

燕帖木儿所代表的钦察贵族势力的强大，引起了蒙古贵族的不满。知院阔彻伯、脱脱木儿等人密谋发动政变，以图除掉燕帖木儿，但被人告发而失败。燕帖木儿立即调集钦察亲军将阔彻伯等人逮捕、下狱、处死、抄家。这一事件之后，文宗对燕帖木儿的恩宠更为隆重优厚。伯颜的权力和荣誉仅次于燕帖木儿。

打着恢复海山帝系旗号并通过兵变掌握权力之后，文宗也没有心慈手软，对其政敌进行了血腥的清洗。此时，宫廷中弥漫着极强的报复气氛，甚至为使也孙铁木儿称帝不具合法性，文宗不仅不给他谥号，还将其父亲甘麻剌的牌位从太庙中移出并毁掉。

为争取贵族和官僚的支持，文宗只能用慷慨的封赠和巨额的赏赐来笼络人心。文宗在位四年中，共封了二十四个王，其中九个是一字王。在这九个一字王里，甚至有七人不是忽必烈的后人。这是明显违背祖制的，但迫于形势又不得不这样做。

至顺元年 (1330)，为了争取更多的盟友，文宗推动了广泛的外交攻势，三个宗王奉命出使察合台、钦察和伊尔汗国。西方三个汗国对这一姿态表示赞赏，其后三年，各国也多次派贡使前来拜见。这样，文宗为自己在蒙古世界重建了宗主权，并且与西方三个汗国保持着密切的联系。

文宗有极好的汉文和历史知识，在诗歌、书法和绘画等许多方面都颇有造诣。他很早就显示出了广博的知识和艺术爱好，在泰定二年 (1325) 至天历元年 (1328) 任怀王时，身边就围绕着很多著名的汉人文学家和艺术家。

文宗也很识时务，知道笼络读书人。他用加封儒学先圣先贤的办法来提高儒学的地位。天历二年 (1329)，文宗派遣官员前往曲阜代祀孔子。至顺元年 (1330)，文宗亲自参加祭天的郊祀，这是元朝皇帝第一次参加此项中原王朝传统的重要祭祀。为发扬儒家道德，宫廷每年还会表彰许多孝子与节妇。文宗进一步确立了"以儒治国"的政策方针，此举笼络了许多儒生。

并且为阻止"文化易俗"，也就是汉人追随蒙古人和非儒家习俗，文宗曾下诏："诸人非其本俗，敢有弟收其嫂、子收庶母者，坐罪。"第二年，又下令汉人和南人严禁实行收继婚制。同时，文宗鼓励蒙古人和色目人接受汉人的习俗，蒙古和色目官员在天历二年（1329）准许按汉人习俗为父母守丧三年。

文宗倡导汉学最具体的措施是建立奎章阁学士院，这使得当时各族学者纷纷涌向元大都。在天历二年 (1329) 春季首次建立的奎章阁学士院，其各种活动有一定的政治意义，这使得文宗以一个"精心安排的文明外表"的方式来改变皇帝的形象。

为了严格官学的考试制度，文宗还在至顺元年 (1330) 下令中书省、御史台、集贤院、奎章阁的官员共同主持对国子监学生的考试，合格者按考试成绩分等授官，不合格的留校读书，不得授予官职。至顺三年 (1332) 八月，文宗去世。文宗在位时间虽短，但他所提倡的文化治国策略对后世还是有着一定的影响。

文宗去世前，在遗命中提出传位给明宗之子。燕帖木儿为巩固自己的权位，主张立文宗之子燕帖古思。文宗皇后不听，诏命立在京的明宗次子懿璘质班。十月初四，年仅七岁的懿璘质班即位，是为宁宗，仍以燕帖木儿执掌朝政。十一月二十六日，宁宗夭折。燕帖木儿再次请求立燕帖古思，太后仍不同意，后令立明宗长子妥懽帖睦尔。

就这样，帝系不断更迭的元朝，在短暂的平和政治之后，再度处于混乱与衰弱当中。

第 五 章

帝国消亡
——亡国究竟谁的错

公元1320年四月十六日夜，妥懽帖睦尔出生。

公元1333年六月，妥懽帖睦尔即位，是为元惠宗。

公元1335年，中书左丞相撒敦病故。

公元1340年六月，惠宗下诏撤掉元文宗的庙主，将太皇太后贬至东安州安置，将皇太子燕帖古思流放到高丽。脱脱任中书右丞相，开始改良朝政。

公元1344年，惠宗罢免了左丞相帖木儿不花，改用别儿怯不花继任。

公元1353年正月，惠宗立爱猷识理达腊为太子。

公元1368年，朱元璋派大将徐达、常遇春率军北伐。元惠宗北逃，此后再也无法南下中原，蒙古统治宣告终结。

一、 惠宗继位

元惠宗妥懽帖睦尔是元武宗海山之孙，元明宗和世瓎的长子，生于延祐七年（1320），共在位三十六年。在元朝历史上，他是在位时间最长的一位皇帝。

要说妥懽帖睦尔，得先从明宗与文宗说起。致和元年（1328），文宗夺取政权，宣布拥戴明宗即位，双方约定"兄终弟及，叔侄相传"。所以，按照许诺，文宗应该立明宗之子为太子。可文宗却透露出想立自己的儿子为太子的念头。文宗的皇后卜答失里当然也是这个心思，于是在明宗去世之后，矫诏处死了明宗的八不沙皇后，也以此为自己的儿子做太子扫除了障碍。之后，明宗的儿子便成了她的眼中钉。妥懽帖睦尔是明宗的长子，自然更为她所不容。于是，一件离奇的宫闱秘闻传了出来：妥懽帖睦尔不是元明宗的儿子。

消息的来源是皇子奶妈的丈夫，他信誓旦旦地说，明宗曾亲口对他说过，妥懽帖睦尔不是自己的亲生儿子。这样的无头公案自然无从查对，不过对于文宗和皇后来说，也没有查对的必要。他们迅速将妥懽帖睦尔远远流放。对于妥懽帖睦尔的弟弟，明宗的嫡子，也许是因为年纪太小，文宗也有些于心不忍，就把他留在了宫中抚养。

妥懽帖睦尔算是跌到了命运的最低点，他登上皇位的可能性也几乎为零。然而，就在文宗夫妇把他流放，果断立了自己的儿子为太子后，小太子二十来天后便病死了。而且，太子的弟弟也生起重病。

文宗夫妇就只有这么两个儿子，一个夭折，眼看另一个也不保，自然大为惊慌，四处求医。后来这个儿子总算好了起来，可文宗又病了，他觉得这是自己对不起兄嫂的结果。为了向上天悔过，文宗便在临终前向皇后、皇子和重臣燕帖木儿叮嘱，一定要元明宗的儿子继位。于是，妥懽帖睦尔的弟弟被立为皇帝，是为元宁宗。

但这个小皇帝只在位五十三天，便突发急病去世了。燕帖木儿再次要求立文宗的儿子继位，但皇太后还是不答应，一定要立明宗的儿子。无奈的燕帖木儿最终只能接受，派人南下寻找妥懽帖睦尔。

至顺三年（1332）年底，在外流放两年多的妥懽帖睦尔终于回到大都。在近郊良乡，燕帖木儿率人持卤簿来迎接他。燕帖木儿与妥懽帖睦尔并马徐行，说明了拥立他为皇帝的意思。妥懽帖睦尔只是默默地听着，一言不发。燕帖木儿不禁产生了疑惧，怀疑眼前这个年轻人居心叵测。

在燕帖木儿的授意下，很快就有太史上言，说妥懽帖睦尔不可立为皇帝，立则天下大乱。这样一来，妥懽帖睦尔即位之事就被搁置下来。直到半年后燕帖木儿去世，妥懽帖睦尔方才于元统元年（1333）六月于上都正式即位，是为元惠宗。

因为政治需要，惠宗不得不娶了燕帖木儿的女儿做皇后。这时他十三岁，燕帖木儿的女儿比他还小两岁，还是不怎么懂事的小孩子，仗着家族权势，自然不把惠宗放在眼里。她私传懿旨，将由国家专卖的盐十万引（一引为四百至六百斤）占为己有，还时常对宫内的后妃横加责打，这使得惠宗对她十分不满。

百足之虫死而不僵，这时，燕帖木儿虽然死了，但他的家族仍然牢牢地控制着国家的命脉。燕帖木儿本是拥立文宗的大臣，又是顾命之臣，拥立了宁宗，宁宗身亡，又拥立了惠宗，可说是四朝老臣，出将入相的人物了。为了维护自己的权力，惠宗暗中扶植武宗旧臣伯颜为国务总理大臣，并加封其为太师、秦王。伯颜本来就是武宗的近臣，眼看着燕帖木儿家族只手遮天自然心有不甘。此刻他和惠宗一拍即合，强强联手。有了伯颜的支持，惠宗底气足了起来，开始利用伯颜和燕帖木儿家族进行夺权斗争。

燕帖木儿霸权好多年，现在他的家族却受到"乳臭未干"的惠宗的打压，这让他们很不满。在这种不满情绪的推动下，元统三年，燕帖木儿家族密谋政变。可没想到，伯颜事先得到密告，粉碎了燕帖木儿家族的阴谋，最终燕帖木儿全家都被处置。由于伯颜立了大功，他的家族势力开始膨胀起来。

惠宗在位的很长一段时间，人们发现伯颜不仅取代了燕帖木儿的地位，处事也和他一样独断。伯颜在朝中排除异己，大兴特务之风，使大臣人人自危。面对社会的动荡局面，他不仅没有采取疏导的措施，反而推行极端的民族政策，排斥汉人、南人。为了减少外族人执政的机会，他又下令停止了科举考试。这下朝内朝外的读书人都开始抗议，引发了更大的骚乱。

他推行的民族分化政策，把蒙古人、色目人与汉族人分作三六九等，并在他们之间人为挖出了一条不可逾越的鸿沟，文化的冲突和民族间的认识分裂导致了社会的极度动乱，影响了元朝在中原地区的有效统治。

一下就把汉人贬到社会的最底层，久受压迫的人们终会忍不住造反。漳州（今福建漳州）人李志甫，袁州（今江西宜春）人周子旺、彭莹玉相继起义。周子旺自称周王，自立年号，起义人数最多时有五千余人，官府经过几个月的镇压，才把起义平息下去。伯颜因平定叛乱有功，被惠宗加封经元德上辅功臣称号，并赐予七宝玉书龙虎金符。

伯颜是个骄恣的、自我膨胀的人，他将自己的死党燕者不花提拔为诸卫军总领，让他无论大事小情都要向自己禀报。当时全国各地送往京城的贡赋，也都直接送到伯颜家里，甚至库府钱帛等进出花销，均需经过伯颜的批准，即使惠宗签字也不行。

省、台官员也大都出自伯颜部下，每次上朝凡事只要是伯颜点头，则畅通无阻。太皇太后也一切都倚重伯颜。天下人只知有伯颜，不知有皇帝。此时的伯颜风光无限，不仅野心膨胀，也把自己和蒙古帝国送进了万劫不复的境地。

伯颜专权所导致的乱象都被惠宗看在眼里。随着年龄的增长，他越来越感到自己的势单力薄与无奈。此时，伯颜集团内部出现的分裂，为惠宗亲自掌握朝政提供了绝佳良机。出来为他改变这一局面的，正是伯颜的亲侄、时任御史大夫的脱脱。

惠宗和脱脱开始图谋除掉伯颜，而伯颜也蠢蠢欲动，与太皇太后卜答失里合谋以文宗之子燕帖古思取代惠宗。

至元六年（1340年），二月，乘伯颜率队到柳林围猎之际，在惠宗授意下，脱脱等人发动政变，一举成功夺权。第二天，脱脱列数了伯颜的种种罪状，发布了惠宗的皇帝令罢黜了伯颜。之后，伯颜先被贬至河南，又被流放广东。伯颜颜面尽失，实力尽丧，最后被人毒死于江西。

另一边，惠宗的左右奉了惠宗之命，逼着太皇太后母子立即出宫。太皇太后这时已束手无策，只知道与儿子燕帖古思抱头痛哭。等到东安州后，太皇太后得了重病，不久就凄凉地离开了人世。燕帖古思也在流放途中病死。

伯颜死后，他的侄子脱脱开始掌握实权。他不像他的伯父那样专横跋扈，是个很贤明的人，也很有才干，其间不仅废除伯颜旧政，昭雪诸王冤狱，恢复科举，编纂法典，还主持修订了二十四史中的宋、辽、金三史。

一系列措施的施行，使元朝政治为之一新，受到重用的汉臣精神振奋，勤政廉政，原来不过问政事的惠宗也有了一些励精图治之意，蒙古贵族内部矛盾也减少了，民族矛盾与阶级矛盾都有所缓和。朝野上下对脱脱都十分佩服，大家都称脱脱为贤相，百孔千疮的元朝似乎出现了"中兴"的气象。

至正四年（1344），别儿怯不花拜中书左丞相。别儿怯不花与脱脱早有矛盾，于是脱脱请辞。开始，惠宗不允，脱脱又一连请辞，惠宗最终同意。之后，惠宗任命阿鲁图为右丞相。

别儿怯不花上任后，接连发生了山崩、地震、河水决口等灾祸；河南、山东"两抢一盗"蔓延，江淮一带也出现了不少暴徒四处劫掠。有几个刚正不阿的御史官上书弹劾别儿怯不花，说他管理失调，祸乱屡见。别儿怯不花也觉得很羞愧，连忙上书辞职。惠宗同意他以太师的身份告老还乡。

面对严峻的局面，至正九年（1349）七月，惠宗请回病退的脱脱，并任命他为右丞相，让他想尽办法救国家于水火之中。但脱脱能耐再大，没钱什么都干不了。于是他在至正十年（1350）年底，在没有充足准备金的情况下，大量发行了新式钞票，即"至正交钞"，结果造成了更大的经济危机。

元朝政府违背经济规律发行新货币,目的就是掏空民间财富、解决国库空虚问题。可老百姓采取的招数更绝,许多人干脆以物易物。老百姓对新货币施行的软对抗让脱脱苦不堪言。

另外,至正年间,黄河连续决口泛滥,饥民遍野,百姓流离失所,沿岸山东、河南几十万人沦为难民。脱脱复相之后,便召集群臣商议治河事宜,决定疏塞并举,使黄河复归故道,其费用便来自发行的新钞。至正十一年(1351)四月,政府调发汴梁、大名等十三路民夫十五万人,庐州等地戍卒两万人供役。从四月间开工,到十一月完工,黄河终于恢复故道。

二、天下大乱

治理黄河本来是一件好事，可是朝廷治理黄河的经费经过那些贪官污吏的层层盘剥，能够发到民夫头上的已经少之又少，更何况还是不值一文的新钞。而且，为了赶工期，他们在短时间内发动了近二十万民夫，加倍役使使得民夫死伤众多，哀鸿遍野，这彻底激怒了老百姓。惠宗本想借治理黄河收买人心，结果民夫纷纷揭竿而起，韩山童、刘福通、杜遵道等人就是其中的代表人物。他们利用民夫的不满情绪，结合民夫的迷信心理，秘密做了一个背上刻着"莫道石人一只眼，此物一出天下反"的石人，然后让民夫干活时故意挖出来，使民夫以为造反是上天的安排。这成功激发了民夫的反抗心理，于是他们顺利领导民夫开始起义。

虽然韩山童、刘福通等人在起义之前做了严格的保密措施，但他们准备起义的消息还是被人泄露了。元政府非常重视，当即派大军前往镇压。义军兵败，韩山童被捕身亡，刘福通、杜遵道率众逃亡。突围后，刘福通等人于至正十一年（1351）五月初三，在安徽阜阳再次起兵，他们因头裹红巾，人称"红巾军"。

红巾军起义的消息很快传遍大江南北，一时间各地纷纷响应，很快起义军的队伍就发展到了百万之众。不过刘福通没有被冲昏头脑，他面对复杂的局势，采用稳扎稳打的策略跟元军进行对抗。他先击败了察罕帖木儿和李思齐的袭剿，然后四处招揽人才共同造反。

地盘扩大之后，刘福通于至正十五年（1355）二月拥立韩林儿为皇帝，正式建立政权。由于打着恢复宋朝的旗号造反，所以他们称国号为宋，年号龙凤，韩林儿被尊称为"小明王"。有了一个新的政权，就是给全天下的造反者一个信号：从此天下有两个政权了，可以随新政权一起灭亡旧政权了！但当时，实际权力仍控制在刘福通手中，他这一招"挟韩林儿号令红巾军"的方式给他个人聚集了很高的威望。

看到形势一片大好，宋政权的实际领导者刘福通开始了进一步行动。至正十七年（1357）夏天，他在击败元军围剿后，派出三路大军对大都形成合围，试图一举推翻实力尚存的元朝。结果西路军在陕西大败，部将纷纷投降元朝。中路军孤军深入，贸然北上，途中虽然成功攻克了上都、全宁、辽阳，但由于缺少补给，没有后援，在遭到元军围追堵截之后，很快就失去了军事作战能力，最后以全军覆没而告终。

但是，刘福通的确是个军事精英，他组织的义军不但有陆军打击，还有海军配合，这也算是多兵种联合作战的雏形。东路军在刘福通的属下毛贵的率领下，从海上奇袭山东。至正十八年（1358）二月，毛贵在战胜元帝国将领董抟霄兄弟后，又攻克蓟州，直逼大都。但毛贵最终遭到元军的堵截，战败退回济南。

另外，至正十六年（1356），刘福通还亲率大军开辟第二战场，攻击宋朝故都汴梁。最后，他用了将近两年的时间才正式攻下了汴梁，然后立即将汴梁改为宋政权的都城，迎接宋政权的"名义领导"韩林儿进京。

但是好景不长，还没等他们的宫殿修建起来，元军的反击就来了。由于和山东那路大军失去联系，刘福通只得孤军奋战。在元军的步步紧逼下，刘福通放弃汴梁，掩护韩林儿逃往安丰。随后形势急转直下，至正二十三年（1363）二月，张士诚部向元军举白旗投降，并在元朝的授意下，充当了消灭起义军的先锋，趁刘福通在安丰立足未稳，对他们发起了进攻。刘福通集团的有生力量在此战中彻底丧失。

这里就需要讲讲此时呈燎原之势的各路起义军了。其实在刘福通之后，各地义军纷纷揭竿而起。至正十一年（1351）八月，芝麻李起义于徐州，徐寿辉、邹普胜起义于蕲州；十二月，王权（布王三）等起兵于邓州，称"北琐红军"；次年正月，孟海马占领襄阳，称"南琐红军"；二月，郭子兴等起义于濠州。一时之间，起义的烈火燃遍大江南北，哪里都是造反的起义军。

徐寿辉率领红巾军一举攻取了罗田县城。九月，他在坊水县城附近的清泉师太殿上称帝，建都圻水，国号"天完"（"大"上加"一"为"天"，"元"上加"宀"是

"完"，"天完"表示压倒"大元")，定年号为"治平"。他设置军政机构，任命邹普胜为太师，倪文俊为领军元帅，陈友谅为簿书椽，并开始铸铜印，发行钱币。

天完红巾军纪律严明，不淫不杀，每攻下一城，只把归附的人名登记下来，便不再有其他所为，因而深得人心。其队伍迅速扩展到百万人，纵横驰骋于长江南北，控制了湖北、湖南、浙江及福建等广大地区。当时有首民谣流传："满城都是火，官府到处躲。城里无一人，红军府上坐。"

在起义军遍地开花之际，元政府的正规部队节节败退。元军当年征讨四方的气势何在？元朝廷都在做什么？元惠宗又在忙些什么呢？原来就在起义军势如破竹的时候，元朝廷各派势力开始了争权夺势，而惠宗抛弃了对江山社稷、祖宗基业的责任心，整日沉浸在自己的世界里。

元惠宗妥懽帖睦尔文墨不通，对朝政也没有兴趣，但是他在中国历史中是一个很有特色的皇帝。他心灵手巧，对制造木器有极浓厚的兴趣，凡是刀锯斧凿、丹青髹漆之类的木匠活，他都要亲手操作。他手造的漆器、床、梳匣等，均装饰五彩，美轮美奂。

当时的木匠师傅制造的床，又大又笨重，十几个人才能搬动它，不仅用料很多，十分浪费，而且样式也极普通，不好看。对木工很有兴趣的惠宗开动自己的脑筋仔细琢磨，不辞辛苦地自己设计图样，并且亲自锯木钉板，不出一年真的制造出一张床来。

惠宗制造出的床十分有特点，不仅可以折叠，十分方便，而且还很美观，有一定的观赏价值。床架上还雕镂有各种花纹，十分美观大方。

惠宗还善于用木材做小玩具。他做的小木人，男女老少，神态都不一样，而且胳膊、腿都有。摆弄这些小木人走路，就像真人一样灵活。惠宗派太监们把他做好的小木人拿到市场中去卖，大家都十分喜欢并出高价争着买。惠宗知道后十分高兴，于是加班赶制小木人，常常到半夜也不休息，而且让身边的太监做他的助手。

惠宗的漆工活做得也很好，从配料到上漆，从来都是自己动手。并且他喜欢创造各种新花样，还让自己身旁的太监们欣赏并评论自己做得好坏。惠宗还喜欢在木制器物上发挥自己雕镂的技艺。他在自己制作的十座护灯小屏上，雕刻上《寒雀争梅图》，形象十分逼真。

惠宗还喜欢看傀儡戏。当时的梨园弟子（唐明皇建立的皇家艺术班，这里指的是元惠宗身边的艺人）用轻木雕镂海外四夷、神仙鬼怪及将军士卒等形象供他观赏，惠宗高兴的时候，也会露两手展示展示自己的手艺。他做的木像有男有女，大概有二尺高，一般有双臂但没有腿和脚，并且身上都涂有五色油漆，看起来就像活的一样。

惠宗还醉心于建筑。他曾在庭院中做小宫殿，这个小宫殿大概三四尺高，制作的手工十分精细，可谓巧夺天工。他还做过一座沉香假山，池台林馆，雕琢得十分细致，这在当时可以称为一绝。

至正十四年 (1354) 十二月，惠宗设计了一套龙舟的式样，并命内宫供奉少监塔思不花为监工，照此式样督造。打造出来的龙舟首尾长一百二十尺，宽二十尺，前面有瓦帘棚、穿廊及两间暖阁，后面有庑殿楼子。行驶的时候，龙的头、眼、口、爪、尾都可以活动，就像真的龙一样，格外气派。

龙船造成后，惠宗让一百二十名水手穿着华丽的衣服，头戴黄金髻头巾，腰系金荔枝带，站在船的两边撑篙。有首宫词记述了当时龙舟在水中的盛况："榴花红上玉搔头，小饮浦觞绿蚁浮。酬节凉糕刚啖罢，笑沿海子看龙舟。"

惠宗还经常兴致勃勃地为臣下设计房屋。他不但会画出规划图，还会亲手做出模型，再让人按照模型盖房子。由于这些模型做得十分精致，上面还镶嵌着许多珍奇的宝石，于是一些另有所图的内侍经常哄他，说这模型造得不够漂亮，于是惠宗就把模型毁掉重做，而上面的那些宝石，就被内侍们藏到自己口袋里去了。

历史上有不少皇帝把爱好当事业，如梁武帝萧衍迷于佛事，南唐后主李煜工于辞赋，南宋的徽宗父子精于书画，明朝的万历帝亦精于木工、雕刻和油漆工艺。元惠宗也是这些人中的一员，若他们没有当皇帝，也许会在自己喜欢的领域里大有一番作为，然而，他们肩负着国家兴亡重任，却沉迷于自己的喜好，这就是对国家和民族的不负责任了。

花开两朵，各表一枝。提到此时元朝廷的争权夺势，就不得不提一位重要人物——哈麻。哈麻是宁宗乳母之子，年轻时即与其弟雪雪给惠宗当打手。他能言善辩，深受惠宗宠信。后来他支持脱脱，脱脱复相，他拜中书添设右丞。但脱脱对汝中柏十分倚重，便将哈麻调为宣政院使。哈麻被调任宣政院使后，自然气得不行，一定要置脱脱于死地而后快。他为了自己能够独揽大权，便与惠宗的第二任皇后奇氏合谋，想要立爱猷识理答腊为皇太子。这遭到了脱脱的坚决反对。

奇氏母子对脱脱很不满意，便与哈麻指使监察御史弹劾脱脱及其弟也先帖木儿兵败之事。惠宗也顾忌脱脱权力过重，对自己的皇权构成威胁，于是下诏将其削职。

哈麻和奇氏母子听说脱脱被削职，仍不肯放过他，于是指使台官袁赛不花陷害脱脱全家。脱脱被贬云南，来到大理腾冲，这时已做了左丞相的哈麻模仿惠宗的笔迹，下诏赐给脱脱毒酒。脱脱接过毒酒，一饮而尽，一命呜呼，死时仅四十二岁。一代贤臣被他所效忠的元政权所谋害，何其不幸啊！

贤臣死去让元朝统治集团更加腐朽不堪。惠宗命哈麻为中书左丞相，其弟雪雪为御史大夫，其妹婿秃鲁帖木儿继续受宠，朝政大权尽归哈麻兄弟。这时哈麻、雪雪两兄弟还不满足，就与其父合谋，想拥已被立为皇太子的爱猷识理答腊为帝，逼惠宗退位。

秃鲁帖木儿听到哈麻、雪雪两兄弟要举事的消息后，便将此事报告了惠宗。惠宗十分生气，立即下了逮捕令。之后，哈麻被发配到惠州，雪雪被贬往肇州。结果二人离开京城时被乱棍打死。

朝堂上云谲波诡，由地方武装势力发展起来的元宗室军阀逐渐成为各战场的主角，察罕帖木儿就是其中之一。他本是乃蛮族人，至正十二年（1352）面对红巾军起义，组织了义兵攻击红巾军，屡立战功，被元朝政府授予汝宁府达鲁赤花之职，可以单独领兵。至正十六年（1356），他升为中书兵部尚书，后来更是成为将刘福通赶出汴梁的最大功臣，被封为河南行省平章政事、陕西行台御史中丞等要职。不过，他也因此与当时的权臣答失八都鲁产生了冲突。答失八都鲁出身蒙古名门，但是由于能力有限，在与红巾军的作战中屡战屡败。无奈之下，元朝廷派察罕帖木儿率军帮助答失八都鲁镇压起义军。

察罕帖木儿奉命协助答失八都鲁镇压起义军，谁知他竟然借机侵占了答失八都鲁的势力，答失八都鲁因此忧愤而死。答失八都鲁的儿子孛罗帖木儿接替了父亲的职位，从此元军内部开始了最大规模的窝里斗，根本没有精力再去理睬起义军的生存与发展。元政府虽然在中间多次进行调解，但效果并不理想。此时惠宗根本没有注意到，其实政府的军队已经成为将领争权夺利的私兵，根本没有人注意起义军的活动了。

至正二十二年（1362），察罕帖木儿被起义军刺死，他的养子扩廓帖木儿（王保保）继承了他的事业，元军再次掀起内讧高潮。为了给父亲报仇，至正二十三年（1363）六月，孛罗帖木儿趁扩廓帖木儿军与山东起义军打得难解难分之时，派竹贞攻击扩廓帖木儿的地盘陕西，而扩廓帖木儿派人打败并收降了竹贞。

此时，元政府也并不安稳。除掉哈麻之后，惠宗任命搠思监为相。搠思监是个大贪官，还私下印制假钞，而且高仿程度足以以假乱真。任命这样的人主持工作，国家的境况可想而知。

搠思监除了中饱私囊之外，还与宦官朴不花狼狈为奸，一时间元政府内部暗无天日。有正义感的大臣对他们恨之入骨，更有人直接向惠宗弹劾他们。弹劾文件正好落在御史大夫老的沙手中，老的沙作为惠宗的舅舅，自然为惠宗考虑，想利用大臣的不满做文章，排挤搠思监二人。

但是，此时皇太子爱猷识理答腊却想借助朴不花和搠思监来登上皇帝宝座，逼惠宗退位。于是，老的沙上奏罢免搠思监与朴不花一事不仅没得到应允，还引起了皇太子和奇皇后的不满。最后，老的沙没有办法，只能去投奔答失八都真的儿子孛罗帖木儿。

扩廓帖木儿一直想找孛罗帖木儿报仇，于是他暗中派遣和尚雇佣杀手行刺孛罗帖木儿，最终孛罗帖木儿被刺杀。在此避难的老的沙无奈之下又带着孛罗帖木儿的家眷逃难，最后被赵王抓捕。此时，孛罗帖木儿的势力被彻底清除，军事上暂时扩廓帖木儿一支独大。

孛罗帖木儿的势力被清除后，扩廓帖木儿又与皇太子之间产生了很大的矛盾，元朝再次陷入血雨腥风的混战。这一次混战时间之长堪称元朝之最，直到元朝彻底灭亡才真正平息。

三、江山易主

元文宗天历元年（1328）九月十八日，朱元璋出生了。在元朝时期，汉人是不可以拥有自己的名字的，他在整个家族当中排行第八，故名朱重八。随后，因为家乡发生了严重的蝗灾和瘟疫，朱元璋不得不外出逃命，甚至于到了安徽凤阳县凤凰山日精峰脚下的皇觉寺，出家做了和尚。

但是没过多久，这里又发生了饥荒，朱元璋只能再一次踏上求生之路。他沿路乞讨到了合肥，又辗转经过了河南，三年之后，又孤身一人回到了皇觉寺。乞讨的这一路上，他看到了整个中原大地民不聊生的场景，接触了各地的风土人情，积累了社会生活经验，这段生活对朱元璋的一生产生了深远的影响。至正十二年（1352），定远县的土豪郭子兴开始聚众谋反。此时，朱元璋年幼时的伙伴汤和来信，邀请他一同加入郭子兴的起义军。而此时，朱元璋的师兄悄悄告诉他，有人知道此信，要去告密。于是，朱元璋不得不去寻找汤和，一同加入了郭子兴的红巾军。这一年，朱元璋刚刚二十五岁。

此时的元朝政府还不知道，这个被逼得走投无路的和尚，即将成为灭亡元帝国的明朝开国皇帝。

进入起义军之后，朱元璋因为粗通文字、心智灵活，打仗的时候又身先士卒，很快就受到了郭子兴的赏识，郭子兴甚至要将自己的养女许配给朱元璋。从此以后，朱元璋才改名叫元璋，字国瑞。

当时，红巾军当中有五个统帅，郭子兴一派，孙德崖与其他三人又是一派，两派互相争斗。朱元璋看不惯这种争名夺利的场面，于是决定自己积攒力量去打造一个新的局面。就在他回到家乡募兵的时候，他少年时的伙伴徐达、周德兴、郭英等人纷纷回到他的身边，众人一同努力，很快手下就有了七百多人。

在接下来的日子当中，朱元璋劝降了周边的民兵，收拢了好几千人。随后，他就带着这支队伍向东进发，趁机攻破了定远县的元军，收降了两万多人，正式拥有了自己的队伍。接着，他选择南下滁州，而就在南下滁州的路上，他遇到了定远县的知名人物李善长。李善长和朱元璋两人一拍即合，深有韬略的李善长向朱元璋进言：需要效法汉高祖刘邦统一天下的道路，积聚自己的力量，很快便可以平定天下。有了李善长的帮助，朱元璋如虎添翼，势如破竹，随后就攻下了滁州。

自此，羽翼渐丰的朱元璋开始不再为温饱而战，而是向着更高的目标发起冲击。至正十五年（1355），朱元璋率军从和州渡江，次年三月攻占元朝的集庆路，改名应天府，即今天的南京。从此，朱元璋以应天府为根据地，不断扩大自己的地盘，并吸纳了宋濂、刘基等地主阶级知识分子，开始建立江南行中书省等政权组织，自称吴国公。

至正二十年（1360年），原本作为部将的陈友谅杀死了徐寿辉，趁机取而代之，建立了自己的政权，为"汉"政权，年号为大义元年。这个政权的建立，直接影响到了小明王韩林儿的正统性，也迫使朱元璋和陈友谅这两支强大的反元武装正式成为敌对。幸好此时元军尚在四处奔忙之际，并没有将他二人作为主要的对手，而朱元璋则在谋士刘基的建议下，率先向陈友谅发起进攻。

至正二十三年（1363年），朱元璋统兵二十万，进攻陈友谅。陈友谅和朱元璋不一样的地方，就是他为人多疑、好猜忌，并不能像朱元璋那样推诚置腹。因此，他大失人心，很快就被朱元璋击败，最后被乱箭射杀。

至正二十四年（1364年），朱元璋被百官推举为吴王，建百官司属，仍以龙凤纪年，以"皇帝圣旨，吴王令旨"的名义发布命令。三月，朱元璋消灭了陈友谅的残部，他的下一个目标变为同为反元起义军的张士诚和方国珍。

至正二十六年（1366年）五月，朱元璋发布檄文，开始进攻张士诚。随后，他派遣廖永忠去滁州接小明王韩林儿到应天府。但是半路上，韩林儿却因为沉船，不幸身亡。于是，朱元璋就不再以龙凤纪年，而是将这一年改称为吴元年，正式开启了自己的一统天下之路。

至正二十七年（1367年）九月初八，朱元璋攻入平江城，生擒张士诚，随后以汤和为征南将军，讨伐方国珍。同年，方国珍投降。此时，整个江南再也没有人可以抗衡朱元璋。

一统江南的朱元璋没有任何休息，随后就以中书右丞相徐达为大将军，常遇春为副将军，兵进中原，与元朝对阵，双方开始了生死存亡之战。

进军途中，朱元璋发布了著名的《谕中原檄》。在这篇檄文当中，他提出了"驱除胡虏，恢复中华"的口号，大获民心。一年之后，朱元璋在应天称帝，国号大明，年号洪武，正式建立明朝，中原地区的汉人和其他民族人民开始帮助大明，攻击元朝的残余势力。

此时，元朝已经日薄西山，再无力反抗。朱元璋手下的各路大军在至正二十八年（1368）的七月抵达天津，离大都只有一步之遥。八月，惠宗携自己的嫔妃皇子向北逃窜。

至此，元朝对整个中原大地的统治宣告结束，即使是丢失了数百年的燕云十六州，也被朱元璋一口气尽数取回。

惠宗放弃大都不久，就厌烦了新都城开平的生活，于是他把有限的兵力交到扩廓帖木儿手中，命令扩廓帖木儿率兵出雁门关，从保安州经居庸关重新夺回大都，然后再一举进攻中原地区，力图恢复在全国的统治。虽然是痴人说梦，但扩廓帖木儿还是严格执行。

面对扩廓帖木儿的率兵反扑，明将徐达不敢轻视。最后他采用了灵活战术，趁扩廓帖木儿出兵大都，突袭了元军后方重镇太原。扩廓帖木儿知道后只有撤兵回援，双方在太原地区陷入僵局。军事对峙拼的是后勤保障，扩廓帖木儿缺少粮草，所以他耗不起。可就在他准备决战之时，内部出了叛徒，军营遭到明军偷袭，扩廓帖木儿大败而逃。

扩廓帖木儿兵败徐达之后，惠帝消沉了一阵子。但至正二十九年（1369）五月，惠宗又不安分起来。根据情报，通州守军力量薄弱，是个突破的好机会，于是他又命令丞相也速率万余精骑兵自山西攻打通州。明军通州守备虽然力量薄弱，但守将曹良臣十分机智，吓退了也速军队，通州危险才算解除。

在也速撤退两个月后，惠宗再次命令脱列伯、孔兴以重兵攻大同。这次他的战略意图非常明显，就是为进攻大都铺平道路。明军派李文忠率军出雁门关，和元军在山西马邑一带进行了一场遭遇战。最后，李文忠在明援军的配合下大败元军，俘虏了元将脱列伯。

正在大同围城的元将孔兴听到脱列伯战败被俘的消息后，吓得魂飞魄散，立即撤兵逃往绥德方向，结果在途中遭到明军伏击，也大败而归。在胜利的鼓舞下，这一年，朱元璋再次命令明军大举北伐。已经无力抵抗的惠宗被迫再次北逃，放弃了上都，逃到了应昌，即今天的内蒙古克什克腾旗境内。

经历多次失败的惠宗虽然有雄心壮志，但再也没有能力组织大规模的反攻战争，明军掌握了战争的绝对话语权。同年，明将徐达、常遇春再次出兵，打败了元朝的汉人军阀李思齐。而明将汤和在泾州集中兵力，和扩廓帖木儿又一次打起了遭遇战。虽然这次扩廓帖木儿偶有战胜，但最终仍以失败告终。

至正三十年（1370），元惠宗郁郁而终，元昭宗爱猷识理答腊即位。朱元璋以其"知顺天命，退避而去"，给予惠宗"顺帝"的尊号。所以，后世多用"元顺帝"来称呼"元惠宗"。此时的元朝也被称为"北元"，不再具有大一统王朝的合法性。同时，朱元璋趁元朝新老政权交替之际，集结优势兵力，兵分两路，由徐达进兵定西，李文忠攻打元朝新首都应昌，重点进攻元昭宗驻地应昌及陕甘宁一带扩廓帖木儿的军队，欲图彻底打垮元朝流亡政府的军事实力。

徐达率军在沈儿峪又碰到了自己的老对手扩廓帖木儿，经过一番较量，北元军将士八万余人被俘，扩廓帖木儿只携妻儿及少数军士强渡黄河，逃到了成吉思汗的旧都和林。明东路军在李文忠的带领下也大胜，俘虏了元昭宗儿子麦德里巴勒及大批元朝官员。

自从惠宗逃离大都，朱元璋对北元多次用兵，虽然基本消灭了元朝流亡政府的有生军事力量，但明朝也付出了死伤四十余万人的惨重代价。朱元璋深感彻底平定北元没有那么容易，于是他逐渐改变了对元朝流亡政府的战略方针，由军事打击为主变为战略防御为主，暂时缓和了北方的局面。

但从战场上摸爬滚打走出来的朱元璋，非常明白斩草除根的道理，因此在明朝综合国力渐渐强胜之后，他又开始牵挂起北元。为了彻底使北元消失，公元1387年，朱元璋任命冯胜率领二十万大军再次征讨北元。在强大的明军面前，元将纳哈楚率十余万北元兵将投降。

元将纳哈楚的投降标志着北元军事实力的彻底崩溃。公元1388年，朱元璋再次派蓝玉率军北伐，在捕鱼儿海（今中蒙交界的贝尔湖）与元军残余势力进行决战，最后彻底击败了元军。北元皇帝脱古思帖木儿率领几十人仓皇逃跑，结果在逃跑途中被也速迭儿杀死，从此忽必烈后代再也没能继承蒙古汗位，而强盛一时的元帝国彻底完结。

从元世祖忽必烈公元1271年正式建立元朝，到公元1368年元朝灭亡，元朝历经十一帝，前后存在九十七年。如果从公元1206年成吉思汗建立蒙古汗国算起，共存在了一百六十二年，共十五位大汗与皇帝。与汉、唐、明、清相比，不能不说它是一个短命的王朝；除成吉思汗、忽必烈之外，也可以说它是缺乏明君、没有盛世的王朝。